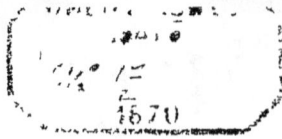

L'IMPARTIAL et le COURRIER

LEÇONS

D'INDÉPENDANCE COMPARÉE

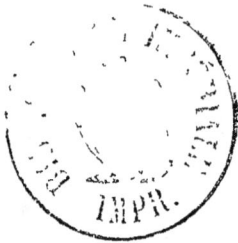

Extrait de l'Impartial dauphinois

CETTE BROCHURE N'EST PAS DANS LE COMMERCE

GRENOBLE
TYPOGRAPHIE ET LITHOGRAPHIE DE MAISONVILLE ET FILS
Rue du Quai, 8

1867 - 1870

AVANT-PROPOS

Dans le courant de 1867, sous l'évidente impul-
sion de quelque « grave étourdi, » le *Courrier
de l'Isère* entreprit contre l'*Impartial dauphinois* la singulière campagne qui a provoqué
les pages suivantes. Subventionnée tour à tour
par tous les gouvernements, — hors, bien entendu, par la République, — cette feuille toujours soumise ne craignit pas de soulever des
questions d'indépendance et de rechercher,
dans le passé de notre journal, quelque trace de
servilité !

Muni de renseignements dont l'outrecuidance
et l'inanité auraient été à elles seules un certificat
suffisant d'origine, le *Courrier* débuta par des
assertions qui n'avaient pas même pour elles la
vraisemblance. Nous ne les dédaignâmes pas,
cependant, et nous fîmes bien : c'est souvent un

tort dont on se repent trop tard, de laisser passer la calomnie sans la démasquer. La comparaison du charbon sera toujours vraie.

Mais nous nous bornâmes à réfuter par des pièces des allégations qui ne reposaient sur rien.

Persuadé, en même temps, que la calomnie et la sottise ne se tiendraient pas pour définitivement battues, qu'elles recommenceraient au moment où elles y verraient quelque avantage, et ne voulant pas nous assujettir à faire leur jeu, nous fîmes tirer à part, au fur et à mesure, ces *Leçons d'indépendance comparée;* sauf la ixe, dont les préoccupations électorales et quelques démêlés avec notre « sixième Chambre » nous avaient forcé d'ajourner la publication dans le journal et qui était demeurée à l'état d'épreuve.

Ces feuilles sont restées là (1). Nous venons d'en achever l'impression, non pour leur donner une publicité plus que jamais superflue, mais pour les conserver sous la main comme on garde chez soi un flacon d'alcali ou d'acide phénique.

4 février 1870.

MAISONVILLE.

_____

(1) Notre déclaration d'imprimer est du 8 novembre 1867.

L'IMPARTIAL ET LE COURRIER.

LEÇONS D'INDÉPENDANCE COMPARÉE.

Voudriez-vous être assez aimable et assez franc pour nous dire à qui s'adressent vos insinuations de palinodies politiques? Nous savons bien que ce n'est pas à nous personnellement; mais enfin c'est à quelqu'un. Est-ce que ce ne serait pas à vous-même, par hasard? Sans remonter plus haut, vous ne pouvez encore avoir eu le temps d'oublier que *vous êtes né journal gouvernemental sous les auspices d'un préfet*, et DANS LE BUT AVOUÉ DE PRENDRE LA PLACE DE CET ODIEUX *Courrier de l'Isère*, dont les opinions vous sont aujourd'hui si antipathiques.

(*Courrier de l'Isère*, 27 juin.)

L'*Impartial, dans l'impossibilité de nous répondre*, s'est jeté à côté de la question, et *bat en retraite*. Nous le laisserions volontiers accomplir cette savante manœuvre, sans

LEÇ   1 nous soucier de ses injures à nous ne savons trop quelle adresse, et de certaines insinuations si obscures, pour nous du moins, que nous cherchons encore à en comprendre le sens; mais il nous a mis, *sous forme de démenti*, au défi de lui prouver *qu'il est né journal gouvernemental*. NOUS RELEVONS LE GANT et nous lui répondrons à cet égard, aussi bien qu'à tous les autres points de sa dernière *Lettre municipale*. Nous le prions de nous accorder UN DÉLAI D'UN NUMÉRO, nécessaire pour COLLIGER *quelques pièces authentiques et instructives*. Nous osons lui promettre qu'il ne se plaindra pas de ce retard, pourvu qu'il aime la vérité.

(*Courrier de l'Isère*, 2 juillet)

———

L'abondance et l'importance des matières apportées par notre courrier de ce matin, nous forcent à *ajourner* plusieurs articles d'intérêt local, ENTRE AUTRES NOTRE RÉPONSE PROMISE à l'*Impartial*.

(*Courrier de l'Isère*, 4 juillet.)

———

Tout le monde se rappelle à Grenoble qu'en 1861 UN GROUPE ASSEZ CONSIDÉRABLE DE PERSONNES, *parmi lesquelles il y en avait quelques-unes d'*ÉMINENTES, *jugea qu'un seul journal politique ne répondait pas suffisamment aux besoins de l'opinion dans notre département.* C'est alors que *fut résolue la création de l'Impartial dauphinois.* Mais, comme on était sous le régime du décret du 17 février 1852, la feuille nouvelle devait se fonder avec l'autorisation ministérielle, et l'on *ne pouvait songer à obtenir cette au-torisation*, — véritable faveur du pouvoir, — *en arborant le drapeau de l'opposition ;* aussi, est-ce COMME ORGANE DYNASTIQUE QU'ELLE SE PRÉSENTA, et c'est à ce titre qu'elle fut *appuyée auprès du gouvernement par M. le préfet Massy* et vivement *recommandée au ministère par la députation de l'Isère,* dont les sentiments conservateurs ne font doute pour personne. Or, à qui fera-t-on croire que ces HAUTS PERSONNAGES, absolument dévoués non-seulement à l'Empire, mais à son gouvernement, eussent patronné le jour-nal d'opposition quand même que nous connaissons aujour-d'hui ?

A cela, l'*Impartial* nous répond qu'il a obtenu son auto-risation *sans conditions.*

. . . .

. . . . Nous n'avons jamais dit qu'on lui eût imposé des conditions, *ne sachant pas ce que ce mot veut dire,* et supposant d'ailleurs qu'il était absolument inutile d'user de restrictions envers un journal *dont le programme était dy-nastique et les* RÉPONDANTS *gouvernementaux.* Est-ce compris ?

. . . .

Ce que nous prétendons prouver, c'est que, né sous les auspices d'un préfet et d'une députation gouvernementale, ... l'*Impartial* a D'ABORD *reçu les faveurs de l'administration, pour lui tourner ensuite le dos au bout de quelques mois et devenir le journal que nous lisons maintenant.*

. . . .

Voici la proposition que nous lui faisons et ce que nous lui demandons .

— Etes-vous bien certain de n'avoir jamais *témoigné des sentiments impérialistes à* personne *au moment où vous sollicitiez votre autorisation?*

Etes-vous bien certain de n'avoir pas obtenu un avis favorable de M. le préfet Massy et *un aide puissant des députés de l'Isère?*

Une fois autorisé, êtes-vous bien certain de n'avoir pas été avisé que le ministre de l'intérieur, TANT IL AVAIT FOI EN VOUS, VOUS ALLOUAIT, SUR LES FONDS DE LA PRESSE, *une subvention de cent francs par mois pour aider vos premiers pas?*

Etes-vous bien certain de n'avoir pas *refusé de* SIGNER LE REÇU *des deux premiers douzièmes,* trouvant sans doute l'allocation trop faible, et *d'avoir demandé* ALORS *le partage des annonces judiciaires?*

Etes-vous bien certain de n'avoir pas été mis en possession de cette moitié des annonces judiciaires par un arrêté préfectoral du 14 novembre 1861? et croyez-vous *qu'on vous ait fait ce cadeau pour vos beaux yeux,* sous le régime arbitraire de cette époque?

Etes-vous bien certain que, à la suite de réclamations émanées des propriétaires des quatre feuilles d'arrondissement, cet arrêté, pris en votre faveur, ne fut pas rapporté et qu'il n'en fut pas pris un autre en date du 14 janvier 1862, qui vous attribuait l'extrait du quart des annonces des deux journaux de Vienne et de la *Feuille d'annonces de Bourgoin?*

Etes-vous bien certain de n'avoir pas inséré ces deux arrêtés dans vos numéros des 26 décembre 1861 et 22 janvier 1862?

Etes-vous bien certain de n'avoir pas eu pour premier rédacteur en chef *un ex-employé à la direction de la presse au ministère de l'intérieur,* sous ce même M. de la Guéronnière qui avait signé votre autorisation? Ce rédacteur ne *s'est-il pas recommandé auprès de vous du nom de M. de la Guéronnière lui-même? Et* pensez-vous faire croire à quelqu'un que le directeur de la presse VOUS EUT DONNÉ

UN ÉCRIVAIN pour faire de l'opposition au gouvernement ?
car, ne l'oubliez pas, les rédacteurs en chef, eux aussi, sont
autorisés.

. . . .

Si vous êtes bien certain qu'un seul de ces points ne soit
pas vrai, veuillez désigner *deux personnes honorables*, à
votre choix, auxquelles s'adjoindront *deux autres personnes
également honorables choisies par nous*, et nous leur met-
trons sous les yeux LES PREUVES *du tout*, dont elles dresse-
ront procès-verbal que nous nous engageons à publier.

. . . .

Voilà nos propositions à l'*Impartial*. S'il les refuse, il
passe condamnation; s'il les accepte, on jugera entre nous.
Qu'il choisisse.

. . . .

(*Courrier de l'Isère*, 6 juillet.)

I

Les preuves *colligées* du Courrier et les nôtres.

Le *Courrier de l'Isère* s'imagine avoir prouvé sa thèse en récoltant pendant huit jours des commérages, lorsqu'il nous avait promis des pièces. Il s'imagine que *de l'audace, de l'audace et encore de l'audace* dans les affirmations, remplacera la preuve par lui offerte. Il se trompe, et la confiance exagérée qu'il a dans ceux qui lui fournissent « des souvenirs » prétendus « authentiques » l'a fait s'engager dans une discussion dont il ne sortira pas vainqueur.

Nous lui avions adressé le défi de prouver

que nous ayons été tenus *à une époque quelconque, même par un fil, dans la dépendance de
l'administration.* Il commence par déplacer la
question et dit que l'*Impartial* est né journal
gouvernemental. Il y a, le *Courrier de l'Isère*
ne peut l'ignorer, une différence sensible entre
ces deux termes, et le journal officieux ne s'est
rattaché au second que dans l'impossibilité où il
se trouve d'établir la réalité du premier.

Qu'est-ce qu'un journal *gouvernemental* ?
C'est un journal qui accepte nettement le gouvernement que le pays s'est donné ; qui, en
France, par exemple, ne rêve pas une autre
dynastie que celle choisie par le suffrage universel. Et pour employer les expressions mêmes
de M. de Persigny, c'est un journal qui, dans
ses discussions, considère comme un terrain
réservé et un champ interdit à la controverse :
1° la dynastie ; 2° la constitution ; 3° le suffrage
universel. A ce point de vue, oui, nous sommes, nous avons été, et nous pouvons dire
nous serons un journal gouvernemental.

Nous l'avons toujours énergiquement pro-
clamé ; nous l'avons imprimé dans le prospec-
tus même de l'*Impartial*, nous le proclamions
il n'y a pas huit jours encore : nous voulons

la liberté sans secousse, la liberté sans révolution nouvelle, le développement franc et loyal des principes de 1789, et nous croyons encore que la chose est possible, si la peur ou l'optimisme absurde des uns, l'impatience inintelligente des autres, ne viennent pas entraver au moins pour un temps le progrès naturel et l'avénement inévitable de la liberté. Nous pensons même, sous ce rapport, être plus vraiment *gouvernemental* que le *Courrier de l'Isère* et les journaux officieux, dont l'attitude toujours satisfaite et le langage toujours adulateur sont faits pour paralyser dans les régions du pouvoir toute velléité libérale.

Au surplus, la législation actuelle, celle du 17 février 1852, la législation *arbitraire,* comme l'appelle le *Courrier de l'Isère* encouragé sans doute à ces audaces de langage par l'exemple de M. de Persigny, ne permet pas à un journal de n'être pas *gouvernemental.* Il n'y a pas de milieu pour un journal entre n'être pas du tout ou être un journal gouvernemental. Il serait supprimé par jugement ou par décret dès l'apparition de son second ou de son troisième numéro. Le gouvernement qui a inventé la législation de février 1852 n'a pas économisé, on le sait, les moyens qui doivent servir à sa défense et empêcher toute attaque. Mais on peut être *gouvernemental,* c'est-à-dire avoir l'esprit imbu des conditions d'existence nécessaires à tout gouvernement, sans se croire obligé de tout approuver et de tout applaudir ; on peut être *gouvernemental,* en réclamant des institutions qui offrent des garanties plus solides que celles de la politique personnelle ; on peut être en un mot *gouvernemental* sans dépendre, *même par un fil,* de l'administration.

Les journaux qui se trouvent dans cette seconde catégorie, ceux qui dépendent de l'administration, sont ceux, et le *Courrier de l'Isère* doit en connaître au moins un, chez lesquels un préfet ou un ministre a la main, dont il dirige la polémique, auxquels il transmet des mots d'ordre ; à ceux-là, un préfet dit : Allez, et ils vont ; écrivez, et ils écrivent : effacez, et ils effacent ; plaidez la thèse des grandes agglomérations, et ils la plaident ; cessez de la plaider, et ils cessent ; soyez pour la Prusse aujourd'hui, sauf à être contre elle demain, et ils obéissent. Ces journaux-là ont des propriétaires qui ne sont point maîtres de leur propriété ; on leur envoie de Paris un

rédacteur qu'ils ne connaissent pas, qu'ils n'a-
vaient pas demandé, comme on a envoyé un
empereur au Mexique ; on le change demain,
ils n'y sont pour rien ; on ne les consulte
même pas ; on leur laisse, il est vrai, dans une
certaine mesure, les faits divers, les articles
insignifiants, les comptes-rendus de distribu-
tions de prix, — et encore pas toujours ; —
mais s'ils se mêlaient de la partie politique du
journal autrement que pour la typographier ou
en corriger les épreuves, on pourrait leur répondre :

La maison est à moi, c'est à vous d'en sortir.

Cette situation n'a jamais été la nôtre ; notre
indépendance absolue de l'administration ne
saurait être un seul instant mise en doute, et il
faut avoir l'aplomb de ces « personnages im-
portants » du prétendu « groupe » dont parle
le *Courrier de l'Isère*, pour s'imaginer avoir été
pour quelque chose dans la création d'un
journal dont ils trouvent honnête de calomnier
l'origine et l'attitude, après s'être servis, — il
n'y a pas longtemps encore, — de sa publicité
comme d'un marche-pied.

Ces personnages oublient tout : les lettres qu'ils ont écrites, les paroles qu'ils ont prononcées à telle ou telle date, dans telle ou telle circonstance. Nous avons, nous, au contraire, l'habitude gênante de conserver toutes les lettres qu'on nous écrit, de garder copie de toutes celles que nous écrivons, et nous poussons la manie sur ce point jusqu'à dresser procès-verbal, séance tenante et alors que la mémoire est toute fraîche encore, des conversations que nous avons tenues avec certaines personnes dans certaines circonstances importantes.

C'est là, nous le répétons, une fâcheuse habitude prise depuis bientôt quarante ans ; fâcheuse surtout pour ces graves étourdis qu se chargent imprudemment de transmettre aux officieux des « souvenirs authentiques. »

Le *Courrier de l'Isère* a mis huit jours pour « colliger » des pièces qu'il ne produit pas et des souvenirs « authentiques » dont il n'indique pas, et pour cause, l'origine, dans cet article qu'il intitule : *La constance politique de l'Impartial.*

Quant à nous, nous maintenons notre défi. Nous produirons des pièces, des lettres, tout le dossier de l'*Impartial*, s'il le faut, non pas

devant cette commission des Quatre, diminutif
de la fameuse commission des Douze, mais
devant le public, qui est pour nous le seul juge
compétent en matière de probité et de constance
politiques, et qui sera, lui, chargé de dresser
le procès-verbal. Il nous faudra quelques jours
pour rassembler ces pièces, que nous ne por-
tons pas avec nous ; leur recherche exigera
quelques déplacements, car notre confiance
n'est pas si entière qu'elle ne soit un peu mé-
langée de prudence. Nous prenons sans forfanterie l'engagement de ne pas laisser debout *une
seule*, — *une seule*, entendez-vous bien ! — des
allégations du *Courrier de l'Isère*.

Ce n'est certes pas pour convaincre ce journal, que nous nous donnerons cette peine et ce
fastidieux labeur. Son métier est de ne pas
vouloir être convaincu : il le fera, nous en
sommes sûr, consciencieusement, en ergotant,
en cherchant sous nos expressions autre chose
que ce que nous y aurons voulu mettre, en
torturant nos textes. Mais les textes seront sous
les yeux du public, qui jugera si c'est au *Courrier de l'Isère*, à ses nouveaux amis, à ses
nouveaux inspirateurs, qu'il appartient de s'at-

tribuer le rôle toujours difficile, surtout pour un officieux, de se poser en donneur de leçons d'indépendance.

7 juillet 1867.

L'*Impartial*, ainsi que nous nous en doutions bien, n'a pas accepté la *loyale proposition* que nous lui avons faite de soumettre nos affirmations, touchant ses variations politiques, à un ARBITRAGE composé de deux de ses amis et de deux des nôtres : il préfère *s'échapper par la tangente*, et, *ne sachant comment répondre aux faits publics dont nous avons argué*, menacer de ses révélations nous ne savons lesquels de ses *anciens* PROTECTEURS. Comme il lui plaira.

. . . .

.....*Il sera bien habile s'il démontre que les annonces judiciaires ont été* MISES DANS SA LAYETTE *par pure gracieuseté, pour ses beaux yeux* et pour ceux de l'opposition, et que, pour les mêmes causes, ON LUI AIT OFFERT *comme rédacteur en chef un écrivain gouvernemental*, employé de la direction de la presse au ministère de l'intérieur.

Nous attendons ses preuves, et il peut se déplacer tant qu'il voudra pour les recueillir. Ce qu'il ne déplacera pas, c'est la vérité.

(*Courrier de l'Isère*, 9 juillet)

II

Le GROUPE *de personnes* ÉMINENTES.

Le *Courrier de l'Isère* a imprimé dans son numéro du samedi 6 juillet les lignes suivantes :

« *Tout le monde se rappelle à Grenoble qu'en* **1861** (en 1861, vous l'entendez bien), UN GROUPE *assez considérable de personnes, parmi lesquelles il y en avait* QUELQUES-UNES D'ÉMINENTES, *jugea qu'un seul journal politique ne répondait pas suffisamment aux besoins de l'opinion dans notre département. C'est alors que fut résolue la création de l'*IMPARTIAL DAUPHINOIS. »

On va voir ce que valent sur ce point les affirmations du *Courrier*.

Depuis longtemps mêlé aux luttes politiques et aux discussions de la presse, nous aspirions au moment où une atmosphère moins pesante et une compression moins exagérée nous permettraient d'y rentrer. Les décrets du *24 novembre 1860* vinrent nous en fournir l'occasion. Un de nos amis personnels, qui venait d'apprendre de M. le conseiller Fauché-Prunelle, aujourd'hui décédé, la publication de ces décrets, vint le jour même nous annoncer cette nouvelle, en nous disant : « Eh bien ! voilà l'occasion de réaliser votre rêve de créer un journal politique. » Cet ami vit encore ; il habite Grenoble et pourrait en témoigner. Dès ce moment notre résolution fut prise.

Les décrets sont du 24 novembre 1860. Or, le 19 décembre 1860, bien longtemps, par conséquent, avant la prétendue formation du prétendu groupe de 1861, nous adressâmes à M. le baron Massy, préfet de l'Isère, la lettre suivante :

Monsieur le préfet,

J'ai l'honneur de vous demander l'autorisation de créer à Grenoble un journal politique, et je vous prie de vouloir bien me faire connaître les obligations auxquelles je dois satisfaire.

Veuillez agréer, etc.

Signé : M̲aisonville.

Trois jours après, le 22 décembre 1860, M. le préfet de l'Isère nous répondait :

Monsieur,

Vous m'avez fait l'honneur de me demander, par votre lettre du 19 de ce mois, l'autorisation de créer à Grenoble un journal politique, et de vous faire connaître les formalités préalables à remplir.

Avant qu'il puisse être statué sur cette publication, vous devez m'adresser une demande régulière en autorisation pour être transmise à M. le ministre de l'intérieur. Cette demande doit indiquer le titre du journal, son mode de publication, le nom des propriétaires, gérant et rédacteur en chef, et établir, en outre, que vous êtes en mesure de déposer le cautionnement exigé par la loi.

Recevez, etc.

Signé : Le Préfet de l'Isère, M̲assy.

Conformément aux indications contenues dans cette dépêche, nous adressâmes le *3 janvier* 1861 à M. le préfet de l'Isère la lettre suivante :

Monsieur le préfet,

J'ai l'honneur de vous demander l'autorisation de créer à Grenoble un journal politique.

J'accepte loyalement le programme tracé par M le ministre de l'intérieur.

Le journal pour lequel je demande l'autorisation aura pour titre : l'*Impartial dauphinois.*

Il paraîtra tous les jours, excepté le lundi.

J'en serai le propriétaire exclusif et provisoirement le rédacteur en chef. Mon fils J. Maisonville en sera le gérant.

Je suis en mesure de déposer préalablement le cautionnement exigé par la loi.

Je vous prie d'agréer, etc.

Signé : MAISONVILLE.

Ces trois lettres, celle du 19 décembre, celles du 22 décembre 1860 et du 3 janvier 1861 attestent par leur rédaction même l'absence complète de rapports personnels entre M. le préfet et nous, pendant ces quelques jours. Et en effet, nous n'avons eu avec M. le préfet, entre le 19 décembre 1860 et le 3 janvier 1861, aucune espèce d'entrevue.

Elles attestent encore par leur rédaction

même qu'il n'y avait autour de nous et avec nous aucun GROUPE de personnages éminents ou non, et prouvent que l'idée de la création d'un journal est due à notre initiative personnelle.

Elles prouvent enfin par leurs dates que l'affirmation du *Courrier de l'Isère* de l'existence d'un GROUPE en 1861 est une fable inventée à plaisir, puisque la demande d'autorisation, le titre du journal, son gérant, son propriétaire, tout enfin est fait, prévu et indiqué, soit dans les derniers jours de 1860, soit dans les trois premiers jours de 1861.

Nous mettons qui que ce soit au défi de nommer une personne quelconque qui ait dans cette période fait partie d'un GROUPE quelconque organisé pour la création du journal. Quand donc, sur ce point, le *Courrier de l'Isère* dit avec son aplomb habituel que *tout le monde à Grenoble se rappelle qu'en 1861, un groupe,* etc., etc., il affirme une chose parfaitement inexacte, pour ne pas dire mensongère ; il peut voir dès à présent ce que valent les « souvenirs authentiques, » dont il parlait dans son numéro du 6 juillet.

Que devient le groupe de 1861, dans lequel

« la création de l'*Impartial* fut résolue, » lorsqu'il est démontré non par des souvenirs, mais par des PIÈCES AUTHENTIQUES, que dès le 19 décembre 1860, c'est-à-dire vingt-cinq jours après les décrets, cette création était déjà résolue par nous personnellement et par nous seul, et l'autorisation demandée par nous personnellement et par nous seul?

Et comme il ne saurait être déplacé, à propos de la fable imaginée par le *Courrier*, d'emprunter à un fabuliste, le fameux groupe qui est censé avoir coopéré à formation de l'*Impartial* ne pourrait-il pas répondre :

Comment l'aurais-je fait, si je n'étais pas né ?

———

Mais si l'*Impartial* a été créé *sous les auspices d'un Préfet, dans le but avoué de remplacer le Courrier de l'Isère*, nous allons sans doute le voir, sûr des faveurs administratives, compter, pour s'établir, sur les fonds de la presse; en un mot, n'avoir pas besoin d'argent. Ou bien, si les fonds de l'administration ne lui viennent pas, le fameux GROUPE viendra à son secours avec une spontanéité bien naturelle.

Ni l'un ni l'autre.

Le 5 janvier 1861, nous adressions à cent neuf personnes dont nous avons la liste, une circulaire pour faire un appel de fonds.

Cette circulaire commençait ainsi :

Les derniers décrets de l'Empereur, relatifs au Sénat, au Corps législatif et à la presse, et les circulaires de M. le ministre de l'intérieur, doivent être regardés, à quelque point de vue que l'on se place, comme le commencement d'un *régime nouveau*. Le gouvernement, plaçant hors de discussion l'empire, la dynastie, le suffrage universel et la constitution, livre tout le reste au contrôle de la presse, et il appelle sur ses actes et sur ceux de l'administration la discussion loyale et consciencieuse.

Elle continuait ainsi :

Convaincus que, pour suivre cette voie, un journal doit être à l'abri de *toute espèce de pression*, *de toute espèce d'entraînement*, *de quelque part qu'ils viennent*, et n'avoir d'autre parti pris que l'*intérêt public et la liberté*, nous avons pensé que plus sera large la base sur laquelle s'appuiera le journal, plus son indépendance sera acquise, et — ne rêvant pas une œuvre de parti, — nous faisons appel indistinctement, laissant de côté les différences d'opinions qui les séparent sans les diviser, à tous ceux que préoccupent les intérêts de la ville, du département et de la patrie tout entière.

Enfin cette circulaire se terminait ainsi :

Il n'eût point été difficile de réunir à Grenoble, en

acceptant les offres spontanées qui se sont produites, la somme nécessaire à la création et au cautionnement. Nous ne l'avons point voulu Le journal eût peut-être passé pour être le journal de quelques-uns, et nous voulons qu'il soit celui de tous. — Nous n'avons point voulu davantage d'une constitution par actions qui, en imposant des risques aux souscripteurs, devait en même temps créer en leur faveur un droit d'intervention dangereux pour la ligne impartiale qui est dans notre ferme volonté. Nous avons préféré la voie de l'emprunt remboursable — capital et intérêts — *à la volonté du prêteur*, et, par conséquent, dès que la marche suivie ne lui conviendrait pas (1).

Il faut avouer que pour un journal publié sous les auspices d'un préfet, et qui devait, dit-on, remplacer le *Courrier*, cette façon de procéder est au moins bizarre et singulière. C'est au public qu'on s'adresse et non pas au

---

(1) Voici la copie littérale des engagements signés par les souscripteurs :

« Je soussigné...... m'engage à verser dans le délai de.. ... la somme de..... qui sera employée, soit au cautionnement de 15,000 fr., soit aux frais d'établissement d'un journal politique paraissant à Grenoble tous les jours, excepté le lundi.

« Je fais ce prêt à la commission d'organisation représentée par M. Maisonville, imprimeur, pour la durée de....., *me réservant formellement la faculté de réclamer le remboursement de la somme ci-dessus* A PREMIÈRE RÉQUISITION, *et sous la seule condition de prévenir l'administrateur du journal* ......*jours d'avance.*

« DANS TOUS LES CAS, LA SOMME PRÊTÉE, DONT M. MAISONVILLE RESTERA CIVILEMENT RESPONSABLE, PRODUIRA L'INTÉRÊT LÉGAL. »

préfet. C'est par voie d'emprunt *remboursable immédiatement à la volonté du prêteur* que l'on constitue le capital. Avant la souscription, pas le moindre GROUPE, nous l'avons vu. Pendant la souscription, pas le moindre GROUPE ; après la souscription, pas davantage.

Cette circulaire du 5 janvier 1834 est signée : Pour la commission : N. Maisonville. Or, la commission se composait tout simplement de M. Maisonville père, futur rédacteur en chef, de M. Jules Maisonville, futur gérant, et de DEUX de leurs amis personnels, qui se bornaient à leur apporter l'appoint de leurs conseils, sans se croire le droit de leur imposer une direction quelconque.

Dix-neuf personnes répondirent à l'appel de fonds, en souscrivant pour des sommes qui varient de 200 à 1500 fr. Ces dix-neuf personnes appartiennent à toutes les opinions. Lors du remboursement, trois ont refusé positivement tout paiement d'intérêts — et nous parierions volontiers que ce ne sont pas ces trois citoyens que l'inspirateur ou les inspirateurs du *Courrier* considéreraient comme des personnes éminentes ; — treize ont reçu l'intérêt au 5 p. %; trois, au moyen du service gratuit d'un abonnement, de la prime donnée par le journal et de l'intérêt légal, ont touché en réalité de leur argent un intérêt de 7 1/2 à 8 p. %.

Nous pouvons ajouter que jamais ces dix-neuf personnes ne se sont trouvées réunies ; qu'elles n'ont jamais été convoquées pour constituer un comité directeur ; qu'aucun article important ou non, pas même le programme définitif du journal, ne leur a été communiqué par avance ; qu'elles n'ont été consultées ni individuellement ni collectivement ; en un mot, ces dix-neuf personnes étaient purement et simplement des bailleurs de fonds, et des bailleurs de fonds garantis de tout risque venant du journal.

Il y a mieux. Le journal avait obtenu son autorisation le 4 mai 1861, et le 15 mai 1861 les sommes souscrites n'étaient point encore toutes réalisées, puisque à cette date nous envoyions, imprimée, une circulaire de rappel, et que l'un de nos bailleurs de fonds nous adressait de Lausanne, le 27 mai 1861, un bon de 1,000 francs dans une lettre que nous avons conservée.

Encore une fois, où est le GROUPE ? Qu'on

nous montre ce GROUPE de 1864 ? Et, sur ce premier point, n'avons-nous pas le droit de répéter ce que nous disions d'une manière générale au *Courrier de l'Isère :* C'EST FAUX !

P. S. Nous suivrons une à une les imprudentes accusations du *Courrier*, et le public pourra se convaincre une fois de plus de la vérité de cet adage : SEMEL MENDAX, SEMPER MENDAX. Quant au *Courrier* lui-même, il doit commencer à éprouver quelque défiance envers ces *graves étourdis* dont nous parlions l'autre jour, et qui prennent les billevesées de leur imagination pour des « *souvenirs authentiques.* »

10 juillet 1867

L'Impartial a commencé sa défense *en se mettant à battre les buissons* et à nous parler de toutes sortes de choses en dehors du débat, *dont nous ne lui avons jamais soufflé mot,* et qui nous sont absolument indifférentes, *telles que* la formation de son capital et *les démarches qu'il aurait faites spontanément et tout seul* pour obtenir son autorisation, *dés avant 1861*. Nous ne doutons nullement que son propriétaire n'ait toujours désiré de fonder un journal; mais qu'est ce que cela fait à l'affaire? Il s'agit de savoir comment il y est parvenu, et uniquement de c la. Or, *nous soutenons que c'est de la façon que nous avons énoncée et nous persistons à en* OFFRIR LA PREUVE *devant témoins*. Pourquoi l'*Impartial* se refuse-t.il à ce loyal arb'trage?

Du reste, *nous ne voulons pas lui répondre aujourd'hui*. Il est juste de le laisser finir son plaidoyer, qui menace d'être long. Alors nous aurons la réplique et nous affirmerons une fois de plus que, là où l'*Impartial* nous appelle *menteur* en latin, sous prétexte que

« Le latin dans les mots brave l'honnêteté, »

et où il nous dit en français : C'EST FAUX ! nous avons le droit de lui répondre, *preuves en mains* :

C'EST VRAI !

Mais ne le troublons pas et *laissons-le continuer*.

(*Courrier de l'Isère*, 11 juillet)

III

L'autorisation.

On lit dans le *Courrier de l'Isère* du 6 juillet :

Comme on était sous le régime du décret du 17 février 1852, la feuille nouvelle devait se fonder avec l'autorisation ministérielle, et l'on ne pouvait songer à obtenir cette autorisation — véritable faveur du pouvoir — en arborant le drapeau de l'opposition ; aussi, est-ce comme organe dynastique qu'elle se présenta, et c'est à ce titre qu'elle fut appuyée auprès du gouvernement par M. le préfet Massy, et vivement recommandée au ministère par la députation de l'Isère, *dont les sentiments conservateurs ne font doute pour personne.*

— Examinons, sur ce nouveau point, ce

que valent les affirmations du *Courrier de l'I-sère.*

Il est très-vrai que nous étions sous l'empire du décret du 17 février 1852, et que, pour obtenir de fonder un journal, il fallait, il faut même encore l'*autorisation ministérielle.*

Il est très-vrai que, dans ce pays qui a fait déjà tant de révolutions pour conquérir la liberté et dont la Constitution actuelle proclame les principes de 1789, nous en sommes réduits à considérer comme une *faveur du pouvoir* le droit de publier notre pensee. Mais la question n'est pas là, et le *Courrier de l'Isère* consentira bien à trouver naturel que, voulant fonder un journal, nous ayons demandé l'autorisation nécessaire, autorisation dont le décret arbitraire de 1852 (c'est le *Courrier* qui l'a dit après M. de Persigny) faisait et fait encore une condition *sine qua non.*

Nous avons dû demander l'autorisation pour obtenir de publier l'*Impartial*, par la même raison qu'un voyageur pour passer d'une rive à l'autre d'un fleuve emprunte le secours d'un pont ou d'un bateau.

Mais, tout en reconnaissant que l'autorisation est une sorte de *faveur* du pouvoir, le *Courrier*

de l'Isère nous accordera bien que le gouvernement, en accordant, à cette date, diverses autorisations à des écrivains appartenant à des
opinions dissidentes, était dans la logique de la
situation qu'il venait de se faire par la promul-
gation des décrets du 24 novembre 1860 ; et
que si, après de pareils décrets, la situation
était restée aussi tendue et l'administration
aussi intolérante vis-à-vis de la presse, les
promesses de liberté qu'on venait de proclamer
n'eussent été qu'un leurre indigne, et les décrets du 24 novembre 1860 un inqualifiable
mensonge.

Mais la question est de savoir si, faveur ou
non, cette autorisation a été payée par nous
au prix d'une portion quelconque de notre
indépendance, et si nous avons soldé en promesses de flagorneries, comme des courtisans,
cette « faveur » accordée par un gouvernement
issu du suffrage universel, de publier notre
pensée.

Or, sur ce point encore, nous maintenons
notre défi, et quand nous aurons raconté l'histoire de notre demande d'autorisation, on verra
ce que les honnêtes gens doivent penser des
affirmations audacieuses du *Courrier de l'Isère*.

Nous ne connaissions pas alors M. de La Guéronnière autrement que comme un ancien collaborateur de M. Emile de Girardin dans la *Presse*. Or, c'était à lui qu'il fallait s'adresser. Nous avions eu qnelques relations avec M. M..., fils d'un ancien député de l'Isère. M. M..., aujourd'hui maire d'une des communes du département, était lié personnellement avec M. de la Guéronnière. Nous fîmes faire des ouvertures à M. M..., par M. Alfred N..., son parent, et M. M... promit d'appuyer notre demande auprès de M. de La Guéronnière. Mais nous ne fîmes aucune démarche auprès des députés de l'Isère pour obtenir l'autorisation ; aucun ne s'en est occupé ; nous n'avons écrit à aucun d'eux aucune lettre dans ce but, et nous sommes obligés de dire de l'intervention prétendue des députés de l'Isère, imaginée par le *Courrier*, ce que nous avons dit du fameux GROUPE de personnes éminentes : C'EST FAUX !

M. M... nous demanda de lui écrire une lettre qu'il pût montrer à M. de La Guéronnière, et dans laquelle nous lui exposerions notre manière de comprendre l'attitude de notre futur journal.

Cette lettre fut écrite le 26 mars 1861. M. de

La Guéronnière la garda pour la montrer à
M. de Persigny. Elle doit être encore dans les
cartons du ministère de l'intérieur ; mais nous
en avons une copie.

Nous n'avons rien à retrancher des termes
de cette lettre.

Elle contient notamment les passages sui-
vants :

> Vous ne me dissimulez pas que mes opinions politiques,
> très-probablement présentées sous un faux jour á S. Exc.
> M. le ministre de l'intérieur, lui inspirent de l'hésitation.
>
> Je n'hésite pas, moi, à dire que ce sont précisément
> mes opinions politiques qui devraient me valoir une réponse
> favorable.
>
> « *Je n'ai pas la moindre peine à reconnaître que je
> m'étais radicalement trompé,* » me disait, quelque temps
> après le coup d'Etat, un de mes amis politiques, ex-repré-
> sentant à l'Assemblée constituante. (*Cet ami était Fré-
> déric Farconet*). Il n'entendait point dire par là qu'il
> abjurât les croyances de toute sa vie, mais il reconnaissait
> loyalement que la forme de gouvernement qui lui parais-
> sait théoriquement la meilleure, était incompatible avec
> les mœurs et le caractère actuels de la France.
>
> J'étais déjà sans réserve dans la même situation d'es-
> prit.

On l'aura remarqué sans doute, il résulte de
cette lettre que le ministre de l'Intérieur éprou-
vait une certaine hésitation. Or, s'il s'était agi
de remplacer le *Courrier de l'Isère*, il n'en eût

éprouvé aucune. Il aurait suffi d'un trait de plume pour supprimer l'un des journaux et créer l'autre. *Nous vivions alors*, comme le dit très-bien le *Courrier*, *sous l'empire de la législation arbitraire de 1852*.

Ailleurs, après avoir exposé les causes qui avaient amené le régime de 1852, nous ajoutions :

Mais nous croyons que le régime nécessité peut-être par une époque de crise n'est point le régime normal qui convienne aux mœurs et au caractère de la France de 1789. Nous croyons fermement que le premier, le plus impérieux besoin du pays est celui de l'ordre ; mais nous ne séparons pas l'ordre de la liberté, et nous croyons que plus le besoin de l'ordre est universellement ressenti, moins il y a de danger dans la liberté Nous croyons fermement aussi que la liberté peut faire, non moins que l'ordre, la force d'un gouvernement basé sur le suffrage universel, et qui a pris son point de départ dans les immortels principes de 1789.

Et plus loin, en parlant des décrets du 24 novembre :

Nous avons salué patriotiquement, dans cet acte spontané du gouvernement de l'Empereur, la manifestation d'une pensée libérale et L'INAUGURATION D'UN RÉGIME NOUVEAU. Le GOUVERNEMENT ARBORAIT NOTRE DRAPEAU, nous sommes loyalement accourus et nous avons franchement accepté le programme tracé par M. le ministre de l'intérieur.

On sait quel était ce programme : tout était livré à la discussion, sauf *l'Empire, la dynastie, la constitution, le suffrage universel.*

Avons-nous tenu notre promesse ? Avons-nous défendu en tout et toujours la liberté ? Non pas la liberté pour nous seuls, mais la liberté pour tous ? Avons-nous respecté ce qui était excepté des discussions permises à la presse ? C'est à nos lecteurs de répondre.

Avons-nous été un journal officieux, hésitant devant le blâme ? notre collection tout entière est là pour attester le contraire.

Nous avons accepté la position faite à la presse, et il y a quelque distance entre notre attitude, qui consistait à accepter franchement le gouvernement que la France s'était donné, sauf, en respectant son principe, à discuter ses actes, et cette autre attitude, familière aux officieux et aux courtisans, qui mettent au-dessus de tout les protestations de dévouement et les expressions de « sentiments impérialistes. »

Quand, plus tard, et vers 1863, il fut démontré que les avances faites par M. de Persigny aux hommes des anciens partis, pour les encourager à rentrer dans la vie politique,

LEÇ. 3

n'étaient point aussi franches qu'elles auraient
dû l'être, et qu'on sembla vouloir exiger d'eux
non pas seulement le respect du pouvoir, mais
le sacrifice de leurs affections, de leurs souvenirs personnels, et, osons le dire, de leur
dignité ; quand on vit M. de Persigny faire à
M. Thiers la guerre à outrance que chacun sait ;
quand nous vîmes nous-mêmes, ici, à Grenoble,
comment on était disposé à recevoir les candi-
dats qui, après avoir prêté loyalement serment,
se présentaient, libres de toute attache officielle, au choix des électeurs, nous avons soutenu la doctrine de M. de Persigny contre ses
actes. On nous a fait un procès ; pendant les
jours qui ont précédé ce procès, on faisait courir
le bruit que des révélations inquiétantes pour
nos prétentions à l'indépendance seraient faites
à l'audience. M. le procureur général Moisson,
qui n'était certes pas suspect de tendresse pour
la presse, et pour l'*Impartial* en particulier, et
qui semblait préférer à la publicité des journaux celle des affiches, se garda bien de tou-
cher cette corde délicate.

Pour toute défense, nous avions remis à
notre honorable avocat, M. Michal-Ladichère,
le dossier dont nous venons de parcourir quel-

ques pièces, et notamment la lettre écrite à
M. M..., dont nous avons donné des extraits ;
mais il n'eut pas besoin d'en faire usage.

Revenons.

Le 4 mai 1861, un arrêté ministériel, signé
de Persigny, nous accordait l'autorisation de
publier l'*Impartial*, dans les termes mêmes où
notre demande avait été faite, c'est-à-dire avec
M. N. Maisonville père pour rédacteur en chef
provisoire, et M. Jules Maisonville comme gérant.

Le 6 mai 1861, notification de cet arrêté
nous était faite par M. le préfet de l'Isère, en
ces termes :

Monsieur,

J'ai l'honneur de vous adresser copie d'un arrêté en
date du 4 courant, par lequel M. le ministre de l'intérieur
vous a autorisé à créer à Grenoble un journal politique,
sous le titre de : l'*Impartial dauphinois.*

Je vous prie de m'accuser réception de cet arrêté et de
vouloir bien vous conformer aux lois et règlements sur la
presse.

Agréez, Monsieur, etc.

Pour le préfet de l'Isère,

Signé : DE BEAUVALLON.

Le même jour nous accusâmes réception de
l'arrêté dont il s'agit, et, dans une visite que
nous fîmes à M. le préfet, il nous tint ce langage : *Je ne connais que deux autorisations
qui aient été données sans conditions : celle de
M. Nefftzer et la vôtre.*

Aussi le 15 mai 1861, dans la circulaire de
rappel dont nous avons déjà parlé, avons-nous
pu dire, sans craindre d'être démenti :

Cette autorisation nous a été accordée dans les conditions les plus honorables. — Honorables pour nous, honorables pour le gouvernement de qui nous la tenons, et
qui ne nous a RIEN IMPOSÉ, RIEN PROPOSÉ en dehors des
conditions tracées par les circulaires de M. le ministre de
l'intérieur ; honorables pour l'administration, qui ne nous
a demandé que de suivre la ligne indiquée par le titre
que nous avons choisi, et à qui nous n'avons pas promis
autre chose.

Libre de tout autre engagement, nous espérons cons-
tater notre indépendance autant pour le moins quand nous
aurons à donner notre appui, que quand nos convictions
devront s'y refuser.

. . . .

Les questions matérielles occupent une grande place
aujourd'hui dans la constitution d'un journal à peu près
quotidien : le cautionnement, la rédaction, les correspondances particulières ou générales, le service télégraphi-
que, exigent des avances relativement considérables.
*Mais c'est surtout dans l'intérêt de notre indépendance que
nous tenons à rencontrer* LE PLUS GRAND NOMBRE POSSIBLE
D'ADHÉSIONS.

— A ce moment, on ne savait pas encore dans le public tout ce que portait dans ses flancs le décret du 17 février 1852 ; on ignorait tout ce que pouvaient signifier les « conditions » imposées à certaines autorisations.

Depuis, des discussions judiciaires ont éclairé ce que la chose avait d'obscur. Des autorisations avaient été accordées, mais le rédacteur avait laissé sa démission en blanc entre les mains du ministre, c'est-à-dire qu'il s'était par anticipation mis à la merci de l'administration.

Nous aurons à revenir là-dessus, et on verra si nous aurons besoin de « nous échapper par la tangente. »

12 juillet 1867.

IV

Le Rédacteur en chef *donné* par l'Administration.

———

Continuons à *battre les buissons* et à *nous échapper suivant la tangente*, comme le dit le *Courrier de l'Isère*, c'est-à-dire à opposer à chacune de ses affirmations, non pas une affirmation, mais des pièces contraires. Ce qui n'empêchera pas le *Courrier*, à la fin de la discussion, d'employer les formules commodes à l'usage des fabricants de bulletins de victoires : l'Impartial *bat en retraite*, l'Impartial *est vaincu*, l'Impartial *recule devant le débat*, l'Impartial *bat les buissons à droite et à gauche pour en faire sortir des lièvres qui n'y sont pas,*

et d'autres locutions *ejusdem farinæ* qui rem-
placent les arguments et donnent au *Courrier
de l'Isère*, pour ceux qui ne lisent que lui, ce
gros air vainqueur qui ne lui déplaît pas.

— On lisait dans le *Courrier* du 6 juillet :

Etes-vous bien certain de n'avoir pas eu pour premier
rédacteur en chef un ex-employé à la direction de la
presse, au ministère de l'intérieur, sous ce même M. de
la Guéronnière qui avait signé votre autorisation? Ce
rédacteur ne s'est-il pas recommandé auprès de vous du
nom de M. de la Guéronnière lui-même? Et pensez-vous
faire croire à quelqu'un que le directeur de la presse vous
eût DONNÉ un écrivain pour faire de l'opposition au Gouvernement? Car, ne l'oubliez pas, les rédacteurs en chef,
eux aussi, sont AUTORISÉS....

— Dans le numéro du mardi 9 juillet, le
Courrier de l'Isère, craignant sans doute de s'être
trop avancé en disant qu'on nous avait DONNÉ
*un rédacteur en chef, ex-employé de la direction
de la presse au ministère de l'intérieur*, dit
qu'on nous a OFFERT *comme rédacteur en chef
un écrivain gouvernemental, employé de la
direction de la presse au ministère de l'intérieur*.

Les deux rédactions, celle du 6 juillet et celle
du 9, sont un peu différentes. Dans la première,

notre rédacteur en chef n'est qu'un *ex-employé*
de la direction de la *presse*, mais, en revanche,
il nous a été DONNÉ, ce qui, dans le sens que
doit attribuer à ce mot le *Courrier de l'Isère*,
veut dire qu'il nous a été IMPOSÉ.

Dans la seconde, le rédacteur en chef nous
est seulement OFFERT, mais, en revanche, il
n'est pas un ex-employé de la direction de la
presse, il est un *employé*, ce qui veut dire
sans doute pour le *Courrier de l'Isère*, qu'il
est sorti des bureaux du ministère pour entrer
directement dans les bureaux de l'*Impartial*.

— On va voir ce que valent les affirmations
du *Courrier de l'Isère* sur ce point comme sur
tous les autres, et si l'officieux journal ne doit
pas se défier de plus en plus des « souvenirs
authentiques » qu'on a mis si libéralement,
mais si imprudemment, à sa disposition.

— Nous n'insistons qu'en passant sur la
naïveté avec laquelle le *Courrier de l'Isère* raconte toutes ces choses, et le public peut être
édifié sur les pratiques auxquelles a donné
lieu le décret du 17 février 1852. Rédacteurs
donnés ou offerts, et cultivés comme en serre
chaude au ministère de l'intérieur pour être
expédiés en province : tout cela a une saveur

de haut goût et un piquant qui méritent d'être remarqués.

On parle chez le *Courrier de l'Isère* de tous ces manéges avec une gravité sereine et comme d'une chose toute naturelle. Peu s'en faut même qu'on ne présente tout cela à nos consciences comme infiniment digne d'estime et d'admiration.

— Mais la question n'est pas là. Nous n'avons pas à juger ici les pratiques administratives qui se sont produites à l'ombre délétère du décret du 17 février 1852, c'est l'histoire qui s'en chargera ; nous avons à démontrer que notre rédacteur en chef, M. Gustave Périer, ne nous a été donné ni offert par l'administration, et que son titre d'ex-employé à la direction de la presse n'a été pour rien dans le choix que nous en avons fait.

L'autorisation de publier l'*Impartial* est du 4 mai 1861. Dans cette autorisation, nous étions agréé provisoirement (et ce sur notre demande expresse) comme rédacteur en chef.

Nous dûmes songer à faire cesser cet état provisoire. Nous nous adressâmes alors à l'un de nos concitoyens auquel nous rattachait une communauté déjà ancienne d'opinions politi-

ques. Il refusa, et son refus était fondé prin-
cipalement sur l'incertitude que le décret du
17 février 1852 faisait peser sur l'existence des
journaux indépendants et, par suite, sur la
position de leurs rédacteurs. On voudra bien
reconnaître qu'un refus fondé sur de pareils
motifs eût été bizarre et ridicule s'il s'était agi
de rédiger un organe de la presse blindée. La
tierce personne qui s'était chargée de transmettre nos offres et nos propositions est un de
nos plus anciens amis, et pourrait attester la
chose.

Nous avons alors cherché ailleurs, et le 15
mai 1861, nous écrivions à Paris à M. M..., fils
de l'ancien député dont nous avons déjà parlé,
la lettre suivante :

Monsieur,

J'ai reçu votre lettre et vous remercie vivement pour
chaque ligne.

Dans les recherches que vous voulez bien faire pour un
rédacteur, attachez-vous surtout *à la tenue dans le public*.
A Paris, on s'inquiète quelquefois trop peu de savoir ce
que sont en eux-mêmes les hommes qui signent dans un
journal. La Province, avec raison, est beaucoup plus
scrupuleuse. *L'inconsistance du rédacteur, nous en avons
fait ici l'expérience, amoindrit rapidement dans le public
l'autorité du journal.*

J'en étais là de ma lettre, quand M. Proust, avocat général, est venu me proposer M. Gustave Périer, en ce moment au *Courrier de Saint-Etienne.* Je vous transmets ceci comme renseignement : M. Périer était récemment au ministère de l'intérieur, sous M. de la Guéronnière.

La semaine prochaine je serai à Paris.

Agréez, etc.

MAISONVILLE.

Ainsi, non-seulement notre rédacteur en chef ne nous a été ni OFFERT ni DONNÉ par l'administration, mais au moment même où M. Proust, aujourd'hui premier avocat général à la Cour impériale de Dijon, venait nous parler de M. Périer qu'il connaissait et auquel il s'intéressait, nous chargions M. M... de nous chercher un rédacteur.

Non-seulement M. Gustave Périer ne nous est pas venu directement du ministère de l'inrieur, mais c'est au *Courrier de Saint-Etienne* que nous l'avons trouvé. Or, le *Courrier de Saint-Etienne* était un journal d'opposition; sa ligne politique était à peu près celle du *Progrès* de Lyon.

C'est M. Proust qui nous a appris que M. Périer avait été employé au ministère. Aussi, transmettons-nous ce détail à M. M... dans

notre lettre du 15 mai 1861, « à titre de renseignement. »

Dans l'intervalle, nous allâmes à Paris et,
après avoir pris des informations sur M. Gustave Périer, qui se recommandait tout naturellement déjà de l'intérêt que lui portait l'honorable M. Proust, nous en parlâmes à M. de la
Guéronnière pour savoir si M. Périer serait agréé
comme rédacteur, condition imposée encore par
le décret du 17 février 1852. M. de la Guéronnière nous l'ayant fait espérer, le 17 juin 1861, ·
nous adressâmes à M. le préfet de l'Isère la
lettre suivante :

Monsieur le préfet,

Conformément à l'art. 1er du décret du 17 février 1852,
j'ai l'honneur de vous demander l'autorisation nécessaire
pour confier à M. Gustave Périer la rédaction en chef de
l'*Impartial dauphinois*, qu'il signera en cette qualité à
partir du 1er juillet.

J'ai lieu d'espérer que l'approbation de S. Exc. M. le
ministre de l'intérieur sera accordée sans difficulté : M. de
la Guéronnière m'en a donné l'assurance.

Recevez, etc.

Signé : MAISONVILLE.

Encore une fois, où est dans tout cela le

rédacteur en chef OFFERT ou DONNÉ par l'administration ? où est l'écrivain *gouvernemental?*

Nous défions bien les propriétaires du *Courrier*, MM. Baratier frères, de pouvoir mettre au
jour une situation pareille à la nôtre et de démontrer que lors du changement de rédaction
de leur journal, ils aient eu même la peine
d'user du droit de présentation !

Nous croyons avoir démontré qu'il n'est pas
vrai que l'*Impartial* ait été créé pour remplacer
le *Courrier de l'Isère;* qu'il n'est pas vrai qu'il
ait jamais été un journal officieux ; qu'il n'est
pas vrai qu'il ait eu à subir des conditions relatives à sa ligne politique ; qu'il n'est pas vrai
qu'il ait été vivement appuyé par la députation
de l'Isère. Et si tout cela n'est pas vrai , que
signifie cette insinuation malsaine autant que
maladroite , que notre rédacteur en chef avait
été employé dans les bureaux du ministère de
l'intérieur, pour de là passer au *Courrier de
Saint-Etienne*, que l'on ne nomme pas, puis
à l'*Impartial ?* Veut-on dire que lorsqu'on agrée
dans les bureaux de la presse au ministère de
l'intérieur un rédacteur en chef, c'est autre
chose qu'un écrivain, et quelque chose de

beaucoup moins, qu'on agrée? C'est alors faire
au gouvernement un singulier compliment et
lui donner une situation médiocrement estimable, ou bien c'est adresser à l'honorable
M. Gustave Périer une injure qu'il ne mérite
pas.

Poursuivons. Notre demande du 17 juin 1861
fut agréée, et M. Gustave Périer fut autorisé en
qualité de rédacteur en chef de l'*Impartial*, par
un arrêté ministériel signé de Persigny et contresigné *de La Guéronnière*.

Il est si vrai que nous n'avons eu à subir
aucune condition, que lors de la seule visite
que nous ayons faite à M. de La Guéronnière,
et cela en présence de M. M..., dans le mois
de juin, plus d'un mois après l'autorisation,
M. de La Guéronnière nous adressa les paroles
suivantes, dont M. de Persigny et les ministres qui l'ont suivi auraient bien fait de
s'inspirer :

Ce ne sont pas les journaux serviles qui sont utiles aux
gouvernements, ce sont les journaux vraiment indépendants : assez indépendants des passions et de l'esprit de
parti pour rendre franchement justice aux actes et aux
intentions du gouvernement; assez indépendants du pouvoir pour défendre toujours la cause de la liberté et du

progrès. C'est dans cette ligne, où je vous engage à vous tenir, que, sous tous les régimes, la presse peut rendre au pays et au pouvoir de patriotiques services.

Nous le répétons, cette entrevue est la seule que nous ayons eue jamais avec M. de La Guéronnière. Elle a eu lieu en la continuelle présence de M. M..., qui pourrait attester l'exactitude des paroles que nous venons de reproduire, et que nous transcrivîmes immédiatement après être rentré à notre domicile.

Mais revenons à M. Gustave Périer.

M. Gustave Périer a signé le journal pendant une année; il l'a quitté le 11 juillet. On peut parcourir sa rédaction depuis le premier jusqu'au dernier jour; on verra, en prenant pour terme de comparaison l'autre journal de la localité, si c'était là un rédacteur *officieux*, et si l'attitude de l'*Impartial*, depuis son début, n'a pas été l'attitude nette et franche d'une feuille indépendante.

Mais nous allons voir quelque chose de mieux. Si le rédacteur en chef, M. Gustave Périer, a été DONNÉ, c'est-à-dire IMPOSÉ par le ministère, il va être le maître du journal, comme cela a lieu, dit-on, vis-à-vis des propriétaires de journaux auxquels on expédie de nouveaux rédacteurs lorsque les précédents n'ont pas une polémique assez âcre contre les journaux indépendants. Il y commandera en souverain, et le propriétaire n'aura à prendre devant lui que les airs penchés qui sont l'attitude naturelle de l'obéissance peu volontaire et de la soumission résignée.

Or, c'est justement le contraire qui arrive. M. Gustave Périer, s'exagérant sans doute les droits résultant de son titre de rédacteur en chef, nous contestait la faculté de faire des coupures dans ses articles, et nous avions eu à ce sujet quelques discussions.

C'est à la suite d'une affaire de cette nature qu'il nous a quitté.

En parlant de l'adresse des évêques au Pape, en juin 1862, il qualifiait ce document de *factum épicé et de mauvais goût*, et terminait ainsi : *Heureusement le latin dans les mots brave l'honnêteté.*

Nous supprimâmes ce passage, qui nous paraissait aussi par trop *épicé*. Il s'en aperçut sur l'épreuve et alla donner l'ordre à l'atelier de composition de le rétablir. L'ayant appris par

notre *metteur en pages*, nous allâmes le faire
supprimer définitivement et renouveler l'ordre
déjà souvent donné de n'obéir qu'à nous et à
nous seul.

M. Périer nous apporta immédiatement sa
démission et n'acheva pas le numéro commencé.
Cela se passait le 11 juillet 1862.

Le même jour nous adressâmes à M. le préfet
de l'Isère la lettre suivante :

Monsieur le préfet,

J'ai l'honneur de vous informer que, d'un accord commun, l'engagement qui existait entre M. Gustave Périer et
moi pour la rédaction en chef de l'*Impartial dauphinois*,
a été résilié.

Je vous prie de vouloir bien agréer, jusqu'à ce que j'aie
pu présenter un autre rédacteur en chef, que je me trouve
replacé dans les conditions de l'arrêté d'autorisation du 4
mai 1861.

Recevez, etc.

Signé : MAISONVILLE.

MM. Baratier frères et Dardelet peuvent es-
sayer, si cela est dans leurs goûts ou leur caractère, du procédé que nous avons employé
pour demeurer maître chez nous. Ils s'aperce-
vront sans doute, si déjà ils ne s'en sont aperçus,

qu'il y a entre la situation de leur journal et celle du nôtre une certaine différence, et que ce n'est pas sans motifs sérieux que nous avons donné pour titre à nos articles : *Leçons d'indépendance comparée.*

P. S. — Le *Courrier de l'Isère,* dans son numéro d'hier, réalisant ce que nous avions prédit dès le début, nous fait dire des choses que nous n'avons jamais dites : d'après lui, nous aurions écrit que si nous sommes aujourd'hui de l'opposition, c'est que nous avons moins de liberté aujourd'hui qu'en 1861. Nous ne pouvons que lui répéter ce que nous lui avons dit dans une autre circonstance : pour nous comprendre il suffit *de savoir lire, de vouloir lire ou d'être en état de lire.*

D'ailleurs la thèse soutenue par le *Courrier* est des plus bizarres. Il soutient que, journal officieux au début, nous sommes devenus plus tard journal d'opposition. On comprendrait le contraire, et le contraire s'est vu en effet quelquefois parmi les journaux comme parmi les individus. Mais passer dans l'opposition pour échanger contre la sécurité d'un journal cuirassé et les bénéfices d'un inaltérable dévoue-

ment les avertissements, les procès, les menaces
de suspension et de suppression, les amendes,
la prison : cela ne se voit guère, et c'est dans
tous les cas un changement héroïque dont à
aucune époque de sa longue histoire le *Courrier*
n'a donné l'exemple.

14 juillet 1867.

....Nous ferons remarquer à notre confrère qu'il ne sait
pas un mot de l'organisation intérieure du *Courrier de l'Isère*,
car, pour le savoir, il aurait fallu que nous, et nous seuls,
le lui apprissions, et nous ne lui en avons jamais parlé. Qu'il
veuille donc bien ne pas dépenser ses arguments contre *la
maison Baratier frères et Dardelet*, qui ne saurait être en
cause, par la raison toute simple qu'*il n'existe aucune rela-
tion entre elle et le journal que* NOUS DIRIGEONS. *Le seul et
unique propriétaire du Courrier de l'Isère*, si l'*Impartial*
tient absolument à le savoir, s'appelle M. ADOLPHE BA-
RATIER et c'est à lui seul que nous avons affaire. Nous ajouterons que jamais situation ne fut plus indépendante, car *il
n'existe entre nous de contrat d'aucune sorte et nous pouvons nous séparer à notre gré l'un de l'autre, du jour au
lendemain, sans que personne ait rien à y voir. Il est
donc probable que jusqu'ici* NOUS AVONS MARCHÉ D'AC-
CORD.

(*Courrier de l'Isère*, 16 juillet)

V

Notre Programme du 1er juillet 1861.

On lit dans le *Courrier de l'Isère* du 6 juillet 1867 :

Etes-vous bien sûr que votre programme du 1er juillet 1861 ne contenait pas ces déclarations :

« Le temps n'est plus, nous le croyons du moins et nous ne le regrettons pas, où un journal ne pouvait passer pour un journal libéral qu'à la condition de dresser chaque jour des embûches au pouvoir, et de pratiquer dans chacun de ses numéros la liberté du dénigrement. Ces luttes personnelles, cette politique de démolition pouvaient, sans doute, servir l'ambition de quelques hommes, mais elles ne faisaient guère les affaires du pays....

« Nous pensons qu'on peut, sans être servile, reconnaître avec justice et impartialité les services rendus au pays par l'initiative même du gouvernement de l'Empereur....

« On n'est pas plus libéral pour tout blâmer de parti
pris, qu'on n'est gouvernemental pour applaudir systéma-
tiquement et toujours.

« Il y aurait une criminelle folie à vouloir jeter un grand
pays dans les aventures, ou tout au moins dans des agita-
tions ridicules et stériles, pour tenter de ressusciter un
passé tombé à tout jamais dans le domaine de l'histoire et
qui ne renaîtra pas. »

— Nous en sommes très-sûr, tout ce qu'il y
a de plus sûr; nous serons les derniers à l'oublier, car nous pouvons affirmer que c'est
encore là notre programme. Mais ce n'est pas
tout notre programme, et le *Courrier de l'Isère*,
qui aime les citations, aurait pu trouver, dans
la même pièce, bien d'autres passages qui com-
plètent et expliquent ceux qu'il a cru devoir
reproduire.

Nous disions notamment :

La loi faite à la presse est celle ci : vous pouvez être
l'adversaire des idées de l'administration ; il ne vous est
pas permis d'être l'ennemi de l'état; vous pouvez criti-
quer les actes du pouvoir, vous ne devez pas discuter son
principe.

Nous acceptons franchement cette position.

Et ailleurs :

Indépendants de toute influence, NOUS SERONS TOUJOURS

DU CÔTÉ DE LA LIBERTÉ, et nous avons à cœur de démontrer que la liberté n'est incompatible avec aucune
forme de gouvernement, que, sagement comprise, elle
n'est une ennemie pour personne, mais qu'elle est la sau-
vegarde de tous et la garantie de chacun.

En étudiant l'évolution qui s'est produite dans les esprits
depuis quelques années, nous sommes arrivés à cette
conviction QUE LES HOMMES DES DIVERSES FRACTIONS LIBÉ-
RALES SONT MOINS ÉLOIGNÉS LES UNS DES AUTRES QU'ILS NE
LE CROIENT EUX-MÊMES. La passion politique peut, par
une sorte de mirage, faire paraître plus grandes qu'elles
ne le sont réellement les différences qui les séparent;
mais, à nos yeux, la grande question posée aujourd'hui et
à laquelle toutes les autres se rattachent, soit à l'intérieur.
soit à l'extérieur, est celle de savoir si ou non les principes de 1789 doivent prédominer. Pour nous, cette
question n'est pas douteuse, et nous ne voyons aujour-
d'hui que deux grands partis politiques, celui qui veut
la prédominance de ces principes et celui qui n'en veut
pas.

Si l'on nous demande maintenant *quel est notre drapeau, quels sont nos principes*, nous dirons que *notre
drapeau est celui de la France démocratique*, *que nos
principes sont ceux de 1789*, et non ceux de tel ou tel
parti, de telle ou telle coterie politique.

L'ordre à l'intérieur, — *la liberté de discussion, soit
dans la presse, soit dans les assemblées*, dans les limites
tracées par la circulaire et AVEC LES PROMESSES PLUS
AMPLES QUI Y SONT CONTENUES, — *la pratique loyale et
courtoise de la liberté*, la grandeur et la gloire du nom
français à l'extérieur, tel est notre programme.

— Et ailleurs encore :

Puisque le Pouvoir a fait volontairement un pas vers

la Liberté, essayons, dans la limite de nos forces, DE
FAIRE PÉNÉTRER *de plus en plus la Liberté dans les conseils
du Pouvoir.*

Et plus loin :

> *Tantôt appuyer, tantôt combattre loyalement les mesures
> de l'administration, au risque d'être pris ici pour un
> ennemi, là pour un courtisan....* C'est un rôle honorable
> qui n'est ni sans difficulté, ni sans péril ...

— Ce rôle, l'avons-nous rempli ? Avons-
nous été fidèles à ce programme que le *Courrier
de l'Isère*, en le tronquant, trouve si sage ? Et
l'officieux *signerait-il des deux mains* notre
programme complet, avec la bonne grâce qu'il
mettrait, dit-il, à signer notre programme mu-
tilé et privé de ses parties essentielles ?

N'avons-nous pas été en toute circonstance,
comme nous l'avions promis, du parti de la
Liberté ?

N'avons-nous pas, conformément à notre
programme, appelé sur un terrain commun de
conciliation toutes les opinions libérales ? Et,
dès le premier jour, n'avons-nous pas formulé
le principe fécond sur lequel s'est fondé ce
que l'on a appelé plus tard l'*Union libérale ;*

cette *Union libérale* qui vient encore d'être
acclamée par les deux grandes voix de Berryer
et de Jules Favre, dans le mémorable banquet
offert à ce dernier?

N'avons-nous pas été considérés « tantôt
comme des courtisans, tantôt comme des enne-
mis ? »

Lorsqu'en 1864, M. Emile Ollivier se sépara
de la gauche sur la question de la loi des coali-
tions, et qu'à raison de ce seul fait, il fut
accusé de défection, l'*Impartial dauphinois*,
qui venait de faire cependant *la campagne électorale de 1863*, n'a-t-il pas pris sa défense
contre les accusations exagerées et parfois
injustes dont le député de la Seine était l'objet
dans presque tous les journaux de l'opposition ?

Lorsque 46 membres de la majorité, dévoués
au gouvernement, mais amis de la liberté, pré-
sentèrent ce fameux amendement que les journaux officieux attaquaient avec d'autant plus de
fureur qu'il était plus raisonnable, est-ce que
l'*Impartial* n'a pas énergiquement et à diverses
reprises soutenu l'amendement des 46, bien
qu'il eût désiré davantage, et cela pour rester

fidèle à l'esprit de son programme, dans lequel
il disait encore :

> Nous ne sommes pas de ces esprits absolus qui repous-
> sent ou répudient toutes les concessions dont l'étendue
> leur paraît insuffisante ; nous ne sommes pas de ceux qui
> rejettent *à priori* tout ce qui ne réalise pas complètement
> et de prime abord le système qu'ils ont rêvé. — La liberté
> est en soi une chose *si excellente*, qu'il faut partout et
> toujours la bien accueillir, la trouvât-on même parcimo-
> nieusement mesurée.

N'avons-nous pas toujours demandé la liberté
sans la révolution, la liberté sans secousse, la
liberté pour tous, même pour nos adversaires,
et considéré comme des frères d'armes tous
ceux, quelle que fût leur origine, qui soute-
naient notre thèse ?

N'avons-nous pas tenu toujours haut et ferme
le drapeau de la démocratie libérale, bien
différente de cette démocratie autoritaire qui
n'est autre chose que le despotisme à plusieurs
têtes, au lieu d'être le despotisme individuel ?

N'avons-nous pas toujours pris la défense de
tous les exilés, de tous les proscrits, quelles
que fussent la cause, la date, l'origine de leur
proscription ?

N'avons-nous pas toujours protesté en faveur

de la Liberté contre la raison d'Etat et les lois de salut public, et n'avons-nous pas ainsi été fidèles à ces principes de 1789 qui ont été toujours notre guide et notre point d'appui ?

Ne nous sommes-nous pas, récemment encore, élevés contre cette thèse abominable de la complicité morale, soutenue alors, déniée depuis par les officieux, et n'avons-nous pas constamment demandé qu'on abrogeât ce décret du 17 février 1832 que les officieux proclamaient comme le modèle d'une bonne législation, et dont ils vantaient hypocritement la paternelle clémence ?

N'avons-nous pas, quand les officieux chantaient des hymnes d'allégresse lors des décrets du 19 janvier qui supprimaient l'adresse, prudemment attendu, pour montrer de l'enthousiasme, que les promesses de la Lettre impériale fussent réalisées, et avons-nous, de parti pris, refusé de croire à leur réalisation ?

Ah ! sans doute, il eût été plus facile, plus commode et surtout plus utile d'insulter lâchement à tous les régimes tombés, Monarchie ou République, hommes et choses, et, dans un but de flatterie grossière à l'adresse du régime actuel, de faire litière de tous les généreux

esprits qui, dans le passé, ont tenté, au prix
de leur repos, de leur popularité ou de leur
mémoire, de faire la France grande et libre ;
nous ne l'avons pas voulu. Nous avons voulu
rester nous-mêmes, libres de toute influence,
ne dépendre de personne que de la Loi, et
quand, après nous avoir qualifiés *de plumes à
gages d'un journal mercenaire,* accusation im-
pudente et sciemment mensongère à laquelle
on n'est pas revenu, on nous accuse aujour-
d'hui d'avoir aliéné, à un moment quelconque,
notre indépendance vis-à-vis du Pouvoir, on
nous permettra bien de protester et de nous
défendre, non pas, certes, pour convaincre
ceux qui nous accusent et conquérir leur estime,
— qui nous importe peu, — mais pour établir devant le public qui nous lit et nous juge,
que nous avons le droit de parler de Liberté
sans rougir, que nous pouvons affirmer notre
indépendance sans forfanterie, et que s'il y a
quelque part des plumes vendues ou à vendre,
ce n'est pas chez nous qu'il faut chercher ces
plumes vénales.

P. S. — Il paraît que nous nous étions

trompé sur la question , peu importante d'ailleurs, de la propriété du *Courrier de l'Isère.*

Ce journal nous rectifie en ces termes :

Le seul et unique propriétaire du *Courrier de l'Isère*
s'appelle M. Adolphe Baratier, et c'est à lui seul que nous
avons affaire. Nous ajouterons QUE JAMAIS SITUATION NE FUT
PLUS INDÉPENDANTE, car il n'existe entre nous de CONTRAT
D'AUCUNE SORTE, et nous pouvons nous séparer à
notre gré l'un de l'autre, du jour au lendemain , sans que
personne ait rien à y voir. Il est donc probable que jusqu'ici *nous avons marché d'accord.*

Un premier point qui est clair, c'est que
M. Adolphe Baratier est seul propriétaire du
Courrier. Très-bien. Passons.

Un second point qui est moins clair, c'est
que des rapports de propriétaire de journal à
rédacteur en chef n'aient créé aucun contrat
verbal ou écrit D'AUCUNE SORTE, ce qui est mer-
veilleux.

Un troisième point qui se comprend encore,
c'est qu'aucun contrat d'aucune sorte ne liant
le propriétaire et le rédacteur du journal, ce
dernier soit *indépendant* de M. Adolphe Baratier. Mais alors il y a un tiers avec lequel quelqu'un des deux ou chacun des deux séparément
a contracté au su ou à l'insu de l'autre?

Enfin, M. Adolphe Baratier étant propriétaire du journal, par conséquent maître chez lui, c'est lui qui dirige la ligne politique du *Courrier de l'Isère*, ou tout au moins il accepte la responsabilité de sa rédaction, car on dit formellement dans l'article d'hier : *il est* PROBABLE *que jusqu'ici nous avons marché d'accord.* Mais quand on se rappelle certaine réclamation hautaine du rédacteur en chef à propos de l'insertion d'un article rédigé par un ecclésiastique de notre ville, ne peut-on pas se dire comme dans *les Provinciales* de Pascal : Le contraire est PROBABLE aussi, et M. Adolphe Baratier ne sera-t-il pas, de tous les lecteurs du *Courrier*, le plus étonné d'apprendre que c'est lui qui dirige la ligne politique de son journal ?

17 juillet 1867

L'*Impartial*, avec une sollicitude dont nous ne saurions lui témoigner trop de gré, veut bien s'inquiéter de notre organisation intime et de notre indépendance. Nous sommes heureux de pouvoir le rassurer et de lui apprendre, s'il ne le sait déjà, que le *Courrier de l'Isère*, pas plus dans sa

propriété que dans sa rédaction, n'est lié avec des tiers d'aucune situation , si élevée qu'elle puisse être , et NE RELÈVE
QUE DE SA CONSCIENCE.

Nous ne savons si tout le monde pourrait en dire autant ;
il nous suffit de pouvoir le dire.

Sur ce, nous laissons , sans l'interrompre, notre confrère
poursuivre jusqu'au bout sa justification.

(*Courrier de l'Isère*, **18** juillet.)

VI

Les Annonces.— La Layette du COURRIER.

Il est admis, chez les gens bien élevés, qu'on doit le moins possible parler de soi quand on est chez soi. Or, nous sommes chez nous, nous croyons l'avoir suffisamment établi, et cependant nous parlons bien longuement de nous-mêmes. Nos lecteurs voudront bien nous le pardonner; ils reconnaîtront que quelque résolution qu'on se fasse, on n'est pas toujours maître d'accepter ou de refuser ses adversaires et de fixer les limites d'une discussion; qu'il est dans la vie d'un journal indépendant, comme dans celle des honnêtes gens, des allégations et

des insinuations qu'on ne peut laisser se produire sans les réduire à leur valeur, et qu'il
fallait une fois pour toutes, malgré notre pro-
fonde répugnance, en finir sur ces accusations
de soumission et de vénalité, si étranges quand
on pense au lieu d'où elles partent.

Nous prendrons du reste nos mesures, quand
ce fastidieux débat sera terminé, pour n'avoir
pas à y revenir.

Le *Courrier de l'Isère*, qui avait l'an dernier
le courage d'ouvrir sa mémorable *enquête sur
les origines et la progression* de ce qu'il appelle *notre fortune*, disait le 6 et le 9 juillet,
dans ce style classique qui rehausse si bien le
bon goût de la pensée :

L'*Impartial* sera bien habile s'il démontre que les
annonces judiciaires ont été mises dans sa layette par
pure gracieuseté, *pour ses beaux yeux* et ceux de l'opposition.

Etes-vous bien certain de n'avoir pas été mis en possession de cette moitié des annonces...., et croyez-
vous qu'on vous ait fait ce cadeau *pour vos beaux yeux* ?..

Puisque le *Courrier* a bien voulu jeter un
regard investigateur sur notre layette, nous ne
dédaignerons pas de regarder dans ses langes

et de les mettre au soleil ; cela pourra donner, par comparaison toujours, un certain caractère à ce qui suivra.

Examinons donc cette question des annonces judiciaires, qui se rattache par plus d'un point à la politique générale et aux conditions d'existence de la presse en province.

Un décret du 3 août 1810 avait prescrit dans chaque département la création de feuilles spécialement consacrées aux annonces ; ces feuilles ne pouvaient contenir aucun article de politique ou même de littérature.

M. David, imprimeur à Grenoble, se rendit acquéreur, à titre onéreux, du journal créé pour le département de l'Isère en vertu des prescriptions du décret impérial, et sa publication se continua jusqu'en 1830, sans autre trouble, si nous avons bonne mémoire, que la création vers 1825, dans l'arrondissement de Saint-Marcellin, d'une autre feuille d'annonces.

Après la Révolution de Juillet, les avoués rentrèrent dans la liberté de faire leurs insertions dans le journal qui leur convenait, ou dont la publicité leur paraissait plus efficace et plus avantageuse par conséquent à leurs clients.

Cette liberté rendue n'amena pas un changement bien sensible d'abord dans le régime des annonces à Grenoble. La feuille d'annonces de M. David, acquise depuis plusieurs années par son successeur M. Prudhomme, continua d'avoir la plus grande partie des insertions; un certain nombre d'avoués adressèrent les leurs au *Dauphinois*, journal républicain; le *Courrier de l'Isère*, papillon sorti depuis peu d'une chrysalide des bureaux de M. Luc, à la préfecture, ne posséda guère jamais d'autres annonces que celles de son avoué.

Mais en 1841, le gouvernement ouvrit les yeux sur les inconvénients qui résultaient de la dispersion des annonces; ou du moins c'est la raison qu'on donna. Il est permis de croire que dès lors on vit qu'il serait facile d'attribuer les annonces aux journaux bien pensants, et de soulager ainsi ces pauvres fonds secrets, en remplaçant la subvention de l'état par une subvention dont les justiciables feraient les frais. Une loi décida que chaque année les cours royales désigneraient un ou plusieurs journaux pour recevoir ces insertions.

« Tout le monde se souvient à Grenoble, » pour employer la locution que nous fournit le

Courrier lui-même, des efforts que firent ses propriétaires, MM. Baratier frères et fils, pour obtenir d'être désignés seuls. Le *Courrier*, légitimiste par sa naissance, était devenu orléaniste sous la famille d'Orléans. Il fut désigné par la Cour, mais concurremment avec la feuille de M. Prudhomme.

Le *Courrier*, hélas ! resta comme devant avec les insertions de son seul avoué. Il était écrit que les annonces ne lui arriveraient toutes que le jour où M. Chapuys-Montlaville prononcerait le *Compelle intrare*. Nous y arriverons.

Vint la Révolution de Février. Le *Courrier* devint républicain conservateur ; mais la République ne lui tint pas compte de sa nouvelle évolution, et ici comme partout, le régime de la liberté des annonces reparut encore une fois.

Cinq journaux se publiaient à Grenoble.

L'*Annonciateur*, la feuille de M. Prudhomme ;

Le *Patriote des Alpes,* journal très-républicain, qui avait succédé en 1836 au *Dauphinois ;*

Le *Vœu national ;*

L'*Ami de l'Ordre,*

Et enfin le *Courrier de l'Isère.*

Le 9 avril 1851, le *Patriote* fut supprimé par les pouvoirs de l'état de siége, M. Chapuys-Montlaville étant préfet.

Immédiatement, nous fondâmes une feuille non politique, le *Messager dauphinois*, qui recueillit les épaves du *Patriote* et continua ses insertions.

Il n'est pas hors de propos de donner ici quelques détails peu connus.

Le total des annonces de l'arrondissement de Grenoble, publiées ici par les cinq journaux et relevées pendant un an, s'élève à 123,912 lignes.

A 12 centimes et demi par ligne, c'était un produit de. . . . . 15,489 fr. »

Ce qui, avec le produit de
1,365 numéros légalisés. . . .   682   30

formait un total de. 16,171   50

Ce produit se répartissait ainsi : .

L'*Annonciateur*	53,334 lignes	6,916 f. 75
Le *Vœu national*	6,380 —	797 50
Le *Messager dauphinois* . . .	25,942 —	3,242 75
L'*Ami de l'ordre*	19,776 —	2,172 »
Le *Courrier de l'Isère*	16,480 —	2,060 »
	123,912 lignes	15,489 f. »

Ce tableau prouve que le *Messager dauphinois*, notre propriété, figure dans la répartition,
dès avant le 2 décembre et du vivant de l'*Ami
de l'Ordre*, pour près du quart des annonces
de l'arrondissement (26,000 lignes.)

Or, le lendemain du coup d'état, l'*Ami de
l'Ordre* fut à son tour supprimé. Ce journal
s'imprimait dans nos ateliers, et ses annonces
(20,000 lignes) allaient accroître d'autant le
lot du *Messager* et de l'*Annonciateur*, car
aucune n'alla au *Courrier*.

Nous l'avons dit, à ce moment le préfet de
l'Isère était M. Chapuys-Montlaville. Avait-il des
doutes sur la solidité des nouvelles convictions
présidentielles du *Courrier*, nous ne savons ;
toujours est-il qu'aussitôt après la disparition
de l'*Ami de l'Ordre*, il conçut le projet de créer
ici un nouveau journal.

Le 7 décembre, l'ex-rédacteur en chef du
journal supprimé vint nous voir de la part du
préfet et nous engagea à fonder sur-le-champ
la feuille projetée, dont le progamme était la
défense de la République (!) et du président, et
dont le titre serait l'*Aigle*.

L'*Aigle* serait notre propriété, et on mettrait
« dans sa layette » TOUTES LES ANNONCES JUDI-

CIAIRES DU DÉPARTEMENT — toutes, entendez
bien, même les vôtres, ô *Courrier* qui parlez
de layettes ! — ET L'ABONNEMENT DE TOUTES LES
COMMUNES !

Les annonces venant des autres arrondissements devaient seulement être reproduites par
quart aux frais de l'*Aigle* dans les feuilles non
cautionnées de Vienne, de Bourgoin et de Saint-
Marcellin.

C'était, au bas mot, un cadeau de plus de
20,000 fr. net par an, qui feraient bien aujour-
d'hui quelque chose comme 300,000 fr.

— Le cadeau est riche, très-riche, répondî-
mes-nous à la personne qui nous apportait ces
propositions, et qui mettait une grande insis-
tance à nous les faire accepter. On doit nous
demander gros en échange ?

— Rien, mon cher ami, ou presque rien. On
ne vous demande que de signer l'*Aigle* en qualité de gérant.

— Merci ! Vaincu d'hier, nous avons le
cœur plein des haines de la défaite. Si le président réalise pour la grandeur et la liberté de
notre patrie les espérances que vous avez, il
n'y aura pas besoin de subvention pour nous

rallier. Jusque-là, permettez-nous de rester ce que nous sommes.

On ne voulut pas accepter notre refus, et on nous donna trois jours pour réfléchir, consulter nos amis et donner une réponse définitive.

Nous n'eûmes pas besoin de consulter, et notre réponse définitive fut la même que le premier jour. L'*Aigle*, au lieu de se fonder ici, se fonda à Toulouse, où M. Chapuys-Montla-ville fut envoyé comme préfet.

Mais, avant de quitter Grenoble, le futur sénateur mit toutes choses en ordre, et, — *la veille de son départ*, — il prit un arrêté par lequel il mettait « dans la layette » du *Courrier de l'Isère* les annonces du *Messager dauphinois*, du *Vœu national* et de l'*Annonciateur*, cent mille lignes, comme nous l'avons vu, — plus les accessoires.

Et comme si ce n'eût pas été suffisant, il augmenta de 16 p. % le produit net des annonces, en portant de 12 centimes et demi à 15 centimes le prix de la ligne.

Cette opération se compliqua, dit-on alors, de certaines combinaisons politiques, adminis-tratives et financières dont ce n'est pas encore le moment de parler ici, et dont « tout le monde se souvient à Grenoble, » comme dit le *Courrier.*

Toujours est-il que la « layette » offerte au *Courrier* à nos dépens fut qualifiée de SPOLIA-TION devant le procureur général d'alors par un honorable magistrat du tribunal, membre encore aujourd'hui du conseil municipal de Grenoble.

Ici nous ne produisons pas de pièces ; mais si l'on nous en demande, nous en pouvons fournir d'intéressantes. Quant aux offres que nous avons refusées, tout le monde vit encore : M. Chapuys-Montlaville est aujourd'hui, comme on dit, au courant de ses affaires ; la personne qui lui servit d'intermédiaire est M. N. D....., chevalier de la Légion d'honneur, employé au ministère de l'intérieur et notre excellent ami par-dessus le marché, malgré nos dissidences d'opinions.

Au surplus, nous pouvons invoquer plus près de nous des témoignages qu'on ne récusera pas : ceux, en première ligne, de M. Joseph Arnaud, alors maire de Grenoble, et de son gendre.

Nous n'avons pas la prétention, à raison de ce que nous venons de raconter, de poser pour le grand citoyen. Il n'est pas un de nos coreli-

gionnaires politiques d'alors qui n'eût agi
comme nous. Mais enfin, si le fait n'est pas
héroïque, on voudra bien reconnaître, même
au *Courrier*, qu'il est honorable, et les plus
prévenus conviendront que ce n'est pas parmi
les hommes de l'*Impartial* qu'il faut venir
chercher des propriétaires de journal qui pen-
sent, comme Vespasien, *que l'argent sent toujours bon!*

P.-S. Nous avons annoncé qu'une fois pour
toutes nous ne laisserions debout aucune des
allégations et des insinuations du *Courrier*. La
longue digression à laquelle nous venons, malgré nous, de nous livrer était nécessaire pour
donner sa véritable valeur à l'histoire des « annonces, » et, quant à celle de la « subvention, »
nous l'écrirons bientôt de manière à édifier le
Courrier et ses maladroits inspirateurs.

19 juillet 1867.

Nous avons pris, dès le principe, la résolution de ne
répondre qu'*en une seule fois*, et lorsqu'il sera terminé,
au panégyrique que l'*Impartial dauphinois* se récite à lui-
même depuis quinze jours. Nos lecteurs nous sauront gré de

— 76 —

cette discrétion , *bien qu'il s'agisse infiniment moins d'une question de rivalité que des intérêts moraux de la presse,* ainsi que nous nous engageons à le prouver.

Nous n'abordons donc pas plus aujourd hui que ces jours passés le fond du débat, et nous nous contentons de poser un jalon nécessaire à notre contradicteur, afin qu'il ne s'égare pas trop loin, comme l'avocat des *Plaideurs.*

Nous l'engageons donc à ne pas se perdre dans le passé du *Courrier de l'Isère,* qui n'a rien à voir avec son présent. Il est bon, en effet, que notre confrère sache ceci :

C'est que, contrairement à ce qui se voit chez lui, où l'on change d'opinion sans changer de signatures, *tout , excepté le titre, a été changé au* Courrier de l'Isère *le jour où nous en avons pris la direction politique ; tout , y compris le propriétaire ;* car le propriétaire précédent est mort à cette époque

Ainsi croule , sous un seul mot, la thèse singulière qu'il aborde et qui ne tendrait à rien moins qu'à nous faire ENDOSSER *des actes que nous n'avons ni à blâmer, ni à défendre,* par la raison fort simple qu'ils nous sont étrangers de toutes les façons.

(*Courrier de l'Isère,* 20 juillet.)

VII

Les Abonnements des communes.

Le *Courrier* nous adresse les questions suivantes :

Une fois autorisé, êtes-vous bien certain de n'avoir pas
été avisé (par qui ?) que le ministre de l'intérieur, *tant
il avait foi en vous* (ingrats !), vous allouait *sur les fonds
de la presse* (il paraît qu'il y a des *fonds de la presse ;* il
nous est permis de l'ignorer), une subvention de cent
francs par mois pour *aider vos premiers pas ?*
Etes-vous bien certain de n'avoir pas REFUSÉ DE SIGNER
LE REÇU *des deux premiers douzièmes*, trouvant sans
doute (sans doute est joli) l'allocation trop faible, et
d'avoir (c'est probablement *de n'avoir pas*, qu'on a voulu
dire) demandé ALORS le *partage des annonces judiciaires ?*

Clarifions et résumons :

« Aussitôt autorisés à créer l'*Impartial*, nous avons été informés que le ministre de l'intérieur, plein de confiance dans les engagements que nous avions pris, nous allouait une subvention de cent francs par mois pour faciliter les débuts toujours onéreux d'une telle entreprise ; mais nous avons trouvé la somme insuffisante, nous avons refusé de signer le reçu, et nous avons alors demandé le partage des annonces. »

Voilà bien votre thème et votre accusation ? Nous allons, comme nous l'avons fait jusqu'ici, rétablir la vérité par le simple récit des faits. Si vous avez dit vrai, nous verrons dès le début le journal témoigner de sa soumission, ou tout au moins se garder de toute manifestation d'indépendance ou d'opposition. La préfecture, de son côté, puisqu'elle a sollicité d'avance et obtenu pour le journal une subvention sur les fonds de la presse et qu'elle a l'intention de faire de l'*Impartial* un auxiliaire ou même un remplaçant du *Courrier*, la préfecture va annoncer la liberté ou le partage des annonces et, dans tous les cas, rendre aux

commentes la liberté de verser leur souscription d'abonnement dans la caisse de celui des
deux journaux qu'elles préféreront et qui tous
deux se partagent les sympathies de l'autorité?

C'est à ces traits, non à d'autres, que nous
reconnaîtrons d'une manière irréfragable le lien
secret qui existe entre le journal nouveau et
l'administration.

Mais si le contraire arrive; si dès les premiers
jours nous trouvons des traces irrécusables,
entre le journal et le préfet, de rapports qui ne
cessent pas d'être courtois, mais qui décèlent
à chaque pas la préoccupation de ce préfet de
maintenir intacte la situation officielle et favo-
risée du *Courrier de l'Isère*, — que deviendra
le tissu de fables auquel vous n'avez eu que le
tort, — nous voulons le croire, — de prêter
une oreille trop confiante?

C'est cependant ce que les faits vont établir,
renversant un échafaudage que vous n'avez pu
élever sans tronquer les faits et les dates les
plus faciles à rétablir. Ce n'est pas notre faute
si depuis quinze jours et aujourd'hui encore,
chacune de nos lignes est un démenti à vos
donneurs de renseignements.

Notre premier numéro paraît le mardi 2 juillet 1861. Huit jours après, *le 10*, nous rendons visite au préfet pour lui demander l'autorisation de faire vendre l'*Impartial.* sur la voie publique comme le *Courrier* est déjà autorisé à le faire.

Nous trouvons dans nos notes, à cette date, les lignes suivantes :

.....M. le préfet m'a demandé si l'*Impartial,* créé deux mois plus tôt, aurait appuyé, à Grenoble, la candidature de M. J. A. au conseil général? (M. A. avait été le candidat de l'administration contre Frédéric Farconet).

— Bien qu'il s'agisse ici, lui ai-je répondu, d'un homme pour lequel je professe la plus sincère estime et avec qui j'ai depuis plus de vingt-cinq ans les meilleurs rapports, je n'éprouve aucune hésitation à dire ici ce que M. A. sait bien lui-même : *Loin d'appuyer sa candidature,* JE LA COMBATTRAIS, parce que M. A. regarde la compression comme un moyen normal de gouvernement, et qu'il est opposé à toute restitution de nos libertés, mais surtout à celle de la liberté de la presse.

C'est, ne l'oublions pas, huit jours après l'apparition du premier numéro, et, bien que notre réponse à M. le préfet Massy n'ait rien de romain et soit tout ce qu'il y a de plus simple dans les circonstances ordinaires, on nous concédera que ce n'est pas le langage d'un

journal lié par des engagements quelconques ,
et « le seul et unique propriétaire du *Courrier* » ne nous dirait pas sérieusement que
c'est ainsi qu'il parle à l'autorité. S'il était assez
naïf pour vouloir le persuader à quelqu'un ,
nous aimons à penser qu'il ne trouverait personne d'assez naïf pour le croire.

Mais voici une nouvelle preuve de la solici-
tude que dès l'origine M. le préfet Massy té-
moignait à cet *Impartial* qu'il avait créé sous
la garantie de la députation si dévouée de
l'Isère, et avec le concours de ces personnages
éminents dont le nom restera un mystère ense-
veli dans le sein du *Courrier*.

Le 22 juillet 1861, dix ou douze jours après
l'entretien dont nous venons de parler, nous
avons avec M. le préfet de l'Isère une entrevue
sur laquelle nous n'avons pas conservé de notes,
mais dont l'objet se trouve suffisamment cons-
taté par la lettre qui suit :

Grenoble, 22 *juillet* 1861.

Monsieur le préfet ,

J'ai eu l'honneur de vous soumettre il y a quelques
instants la question du MONOPOLE DES ANNONCES JUDI-
LEC.   6

CIAIRES et celle de la *liberté des abonnements des communes*. Je ne veux point me permettre de rentrer dans la discussion.

Si je reviens sur cet entretien, c'est uniquement pour rétablir un fait que, dans ma surprise, j'ai omis de rappeler immédiatement à votre souvenir.

Quand je vous ai parlé de quelques maires qui ont l'intention d'abonner leur commune à l'*Impartial*, vous m'avez dit, monsieur le préfet, que VOUS NE PERMETTREZ PAS *aux communes* DE QUITTER L'ABONNEMENT QU'ELLES ONT ACTUELLEMENT AU *Courrier*, et vous m'avez cité comme analogie l'obligation qui leur est imposée de recevoir le *Bulletin des communes*. « Si, avez vous ajouté, le budget d'une commune lui permet de s'abonner à deux journaux (!!!), je ne m'opposerai point à ce qu'elle prenne l'*Impartial*, MAIS ELLE NE QUITTERA PAS LE *Courrier*.

Cependant, monsieur le préfet, au retour de mon dernier voyage à Paris (fin juin), j'avais déjà eu l'honneur, vous vous le rappelez, de vous soumettre la question en ces termes : « *Vous opposerez-vous*, monsieur le préfet, *aux abonnements des communes ?* » — « Je ne suis pas, me répondîtes-vous, partisan d'un abonnement quelconque imposé à des communes, dont un grand nombre n'ont que des ressources insuffisantes; je ne les engagerai, par conséquent, d'une manière générale, à aucun abonnement. Pour celles qui le peuvent, je ne veux point peser sur leur détermination, et SI VOTRE JOURNAL N'EST PAS HOSTILE, je ne m'opposerai pas à ce qu'elles le choisissent. »

Or, l'*Impartial* n'est pas hostile, et vous n'êtes pas seul à croire, monsieur le préfet, qu'*il est dans l'esprit du département*.

Ne suis-je pas dans les conditions voulues pour que vous suiviez vos premières inspirations, impartiales et libérales à la fois?

Agréez, etc.   N. MAISONVILLE.

La situation de l'*Impartial* vous paraît-elle suffisamment constatée maintenant, et cette lettre ne suffirait-elle pas à l'établir?

Le préfet a reconnu, dans la conversation qui vient d'avoir lieu, que le nouveau journal « est dans l'esprit du département. »

Il avait promis, quelques jours avant l'apparition du premier numéro, de n'apporter aucune entrave aux abonnements des communes, SI LE JOURNAL N'ÉTAIT PAS HOSTILE.

Puis, après réflexion, et préoccupé du *Courrier*, pour lequel, selon lui, les annonces et les abonnements des communes sont des conditions indispensables d'existence, il notifie « *qu'il ne permettra pas aux communes de quitter leur abonnement au* Courrier. »

Et c'est le *Courrier*, protégé ainsi par des abonnements à peu près forcés, qui parle de la protection qui nous entoura!

C'est le *Courrier*, vivant aujourd'hui encore des annonces qu'on nous a prises pour les lui donner, qui ose parler des annonces !

Le préfet nous promet une sorte de neutralité « si nous ne sommes pas hostile, » et le *Courrier* parle d'engagements pris par nous !

Allons donc !

Mais voici bien une autre preuve de notre situation de feuille soumise. Le préfet vient de nous notifier, le 22 juillet, qu'IL NE PERMETTRA PAS aux communes de quitter le *Courrier* pour l'*Impartial*. Si nous dépendons de l'administration, si nous avons pris des engagements avec elle, si nous vivons de ses bienfaits, nous nous garderons bien de ne pas tenir compte d'intentions si nettement formulées.

Eh bien, en date du 1er août, nous adressons à tous les maires et à la plupart des conseillers municipaux du département une circulaire pour leur demander directement l'abonnement de la commune « librement voté. » Cette circulaire est communiquée par un maire au préfet pendant une tournée, et à son arrivée il nous fait appeler.

Voici le résumé de notre entretien :

M. Massy paraissait fort irrité. Un maire lui a communiqué notre circulaire du 1er août.

Il m'a menacé d'un procès, me disant que je ne lui ai pas demandé son autorisation pour adresser une circulaire aux maires de son département. — Je prendrai la liberté

de vous rappeler, monsieur le préfet, que je n'ai besoin pour cela d'aucune autorisation et que le ministre
lui-même ne saurait m'en empêcher. Je ne suis tenu qu'à
vous faire une déclaration et un dépôt. »   « Je ne les
ai pas vus. Si vous ne les avez pas faits, vous pourrez
bien savoir ce que cela coûte ! » — « Vous vous trompez,
monsieur le préfet; ayant quelque raison de croire que
ma démarche auprès des communes n'aurait pas votre assentiment, je n'aurais eu garde d'omettre les formalités
voulues par la loi. Ma déclaration est du 8 août et mon
dépôt du 19. »

Le *Courrier* regardera-t-il encore cet entretien
comme une preuve de la protection dont on
entoura notre berceau ?

P. S. — Le *Courrier* d'hier soir nous engage
à « ne pas nous perdre dans son passé, *qui
n'a rien à voir avec son présent.* » — « Tout,
excepté le titre, a été changé au *Courrier de
l'Isère*, le jour où le rédacteur actuel en a pris
la direction politique. Tout, y compris le propriétaire, car le propriétaire précédent est mort
à cette époque. » — « Ainsi croule, dit M. le
rédacteur en chef, une thèse…. qui tendrait à
NOUS FAIRE ENDOSSER DES ACTES QUE NOUS N'AVONS
NI A BLAMER NI A DÉFENDRE, par la raison fort
simple qu'ils nous sont étrangers de toutes les
façons. »

Parfaitement raisonné pour le dernier para-
graphe. Vous prenez la responsabilité de ce
que vous avez fait, dit et écrit depuis votre
entrée au journal, et vous trouvez que c'est
assez. Nous sommes de votre avis.

Mais, avec la meilleure volonté, nous ne pouvons pas être d'aussi facile composition quant
aux propositions qui précèdent.

Vous nous dites, Monsieur, que le passé du
Courrier de l'Isère n'a rien à voir avec son
présent. A la rigueur, cela peut être vrai. Mais
il peut être vrai que nous ayons à voir, nous,
avec son présent et avec son passé. Son présent, c'est vous et lui. Son passé, c'est lui sans
vous. Or, lui, c'est M. Adolphe Baratier, et
quand il se permet, lui, « seul et unique propriétaire de son journal, » c'est vous qui le
disiez mardi dernier, de nous accuser publiquement de soumission et de vénalité à une
époque où vous étiez parfaitement inconnu à
Grenoble, à qui devons-nous répondre? A
vous, qui avez le droit d'invoquer un incon-
testable alibi? Non, mais à lui, car si le propriétaire a changé, la raison sociale n'a pas
changé, et la caisse a toujours la même clef.

Il serait par trop commode, pour des gens

qui plaident tous les jours la thèse du gouvernement et de la responsabilité personnelle, de
se réfugier ainsi derrière un ministre de la
parole et de nous dire : J'ai le droit de vous
accuser de servilisme, et vous n'avez pas le
droit de dire que j'ai été perpétuellement,
toujours et avec tous, servile ; je vous accuserai d'avoir porté une autre cocarde que la
vôtre, moi qui les ai portées toutes ; je vous
accuserai de vénalité, moi qui n'ai vécu que
de fonds secrets ou de subventions, — parce
que tout cela date du ministère précédent? Si
nous étions moins parlementaires, nous dirions
que c'est une mauvaise plaisanterie. Nous
nous bornons à dire que cela n'est pas sérieux.

Le *Courrier* est ce qu'il est actuellement ;
cela ne l'empêche pas, que nous sachions,
d'avoir été ce qu'il a été, et ce n'est pas pour
rien qu'il y en a des collections à la Bibliothèque
et ailleurs. Quand il a l'impudence de faire de
la fable rétrospective, qu'on cesse donc de se
scandaliser si nous faisons de l'histoire !

21 juillet 1867.

Nous ne répondrons pas aujourd'hui, même incidemment, à la VII° leçon d'indépendance comparée de l'*Impartial*. *Nous répondrons à toutes ensemble, d'une seule fois,* lorsqu'il aura fini son cours, et nous espérons lui prouver qu'en écolier docile nous savons faire des résumés et tirer des conclusions.

(*Courrier de l'Isère*, 23 juillet.)

VIII

La Subvention.

A quoi bon, nous écrivent plusieurs de nos amis politiques de Paris, Eugène Pelletan en tête, à quoi bon la démonstration que vous prenez la peine de faire? S'il plaisait au premier venu d'élever des doutes sur votre probité à une époque quelconque de votre vie, vous croiriez-vous obligé de la raconter avec pièces à l'appui? Et d'ailleurs, votre démonstration est superflue pour vos amis, et inutile pour les autres, qui ne veulent pas être convaincus?

Ces raisons ont du bon, mais elles ne peu-

vent nous détourner de l'achèvement, prochain
du reste, de notre tâche. Ceux de nos amis qui
sont près de nous et savent le fond des choses
ne s'y peuvent tromper ; mais nous n'aurons
pas de peine à faire comprendre aux autres que
ce n'est pas pour nos interlocuteurs apparents
que nous écrivons ; ce n'est pas même pour le
ou les souffleurs de cette scène de comédie. On
sait quel médiocre souci nous avons de l'opinion des uns et des autres. Mais nous n'oublions pas qu'une bonne petite calomnie, pa-
tiemment répétée, présentée à petites doses,
tantôt sous forme de question, tantôt sous
forme d'insinuation, finit toujours par noircir
un peu ce qu'elle ne brûle pas, et qu'elle par-
vient infailliblement à faire dire par quelques-
uns dans le nombre : Il y a peut-être bien
quelque chose !

Eh bien, nous nous devions absolument à
nous-mêmes de prouver qu'il n'y avait rien,
sinon d'audacieuses et pitoyables inventions
dont heureusement nous connaissons la source
intéressée.

Encore quelques lignes, et nous espérons
bien que la démonstration sera parfaite.

Nous disions dans notre avant-dernier nu-

méro, en nous reportant à la naissance du
journal, que si nous avions aliéné d'avance à
l'administration une part quelconque de notre
liberté, on en aurait bientôt la preuve dans nos
allures et dans celles de l'administration elle-
même. Nous nous garderions au moins de toute
opposition, et la préfecture, si elle ne voulait
pas nous protéger ouvertement, ne nous traite-
rait pas en ennemi quand nous réclamerions
contre le monopole des annonces et quand
nous provoquerions les abonnements libres
des communes.

On a vu, par notre correspondance avec
M. Massy, dès le premier mois de la publication de l'*Impartial*, ce qu'il fallait penser de
cette protection inventée dernièrement par deux
ou trois habiles, pour faire suite à l'histoire du
groupe des fondateurs éminents.

Mais il y a des gens dont la bonne foi est
exigeante et difficile à satisfaire, et qui trouve-
ront certainement la preuve incomplète et
insuffisante.

Nous y avons pensé trop tard; sans cela
nous nous serions de très-grand cœur dispen-
sés des détails dans lesquels nous sommes
entrés, quelque intéressants et curieux qu'ils

fussent au point de vue de l'histoire à faire des temps actuels. Nous nous serions tout simplement bornés à chercher dans nos livres les éléments d'une réponse aussi brève que péremptoire à l'adresse du personnage le plus « éminent » du « groupe. »

Et, en effet, il est possible que nous trouvions là une ligne qui détruise, avec l'irrécusable autorité d'un chiffre, tout cet échafaudage si étourdiment élevé par des gens dont le moindre défaut est le manque de mémoire.

Si, dès 1861, — comme le *Courrier* le raconte avec une candeur et une modestie si pleines de charme, — un groupe de personnages éminents avait reconnu « qu'un seul journal politique ne suffisait pas dans le département ; »

Si c'est ce groupe qui « résolut la création de l'*Impartial*, » et qui par conséquent en fit les premiers fonds ;

Si la députation de l'Isère, qui partageait la conviction du « groupe » sur l'insuffisance du *Courrier*, prêta les mains à la réalisation de l'idée, et y contribua auprès du ministre de toute l'influence que lui donnait son dévouement incontesté ;

Si le préfet lui-même fut entraîné dans l'orbite du groupe et de la députation ;

Si toutes ces puissances d'influence et de fortune étaient tombées d'accord pour créer l'*Impartial,* et avaient même obtenu immédiatement du ministre un secours sur « les fonds de la presse, » il est bien évident, pour tout esprit de bonne foi, qu'elles ont prévu en première ligne les éventualités défavorables, et qu'elles ont affecté une somme quelconqne pour couvrir les pertes inséparables de la création d'un journal.

Et cela est d'autant plus certain, que le personnage le plus « éminent » du « groupe » est un homme très-expérimenté, d'un flair excellent, et qui sait très-bien, quand il forme une entreprise, prévoir et neutraliser habilement d'avance les obstacles qui peuvent se présenter sur son chemin.

Mais si le propriétaire-éditeur du journal constate, après quelque temps, un déficit important et s'il le supporte SEUL, n'est-il pas vrai de dire que l'ensemble de preuves que nous avons produit jusqu'ici était inutile, et qu'il suffisait de mettre au jour celle-là pour ensevelir sous un ridicule mérité ces inventions

audacieuses d'un groupe de hauts personnages
et de · la protection préfectorale et ministérielle?

Eh bien, cette ligne, elle existe. Elle n'a pas
été écrite pour le besoin de la cause, car elle
figure dans un livre ouvert spécialement et uniquement pour la comptabilité de l'*Impartial
dauphinois* par M. Lombard fils, qui dirige
notre comptabilité, le 18 mai 1861, et continué
par lui jusqu'à ce jour.

Nous y trouvons, écrits de la main de
M. Lombard, à la date du 30 juin 1862, ces
mots dont le laconisme n'altère pas du tout la
clarté :

Solde pour balance en pertes de la première année..... treize mille cent soixante-
neuf francs vingt-cinq centimes.

Il est bien entendu qu'on ne fait figurer que
pour mémoire, dans ce total assez rond déjà,
notre travail personnel à tous et notre année
perdue.

Nous recommandons ce chiffre au *Courrier
de l'Isère*, et nous l'engageons à lui donner
une place dans l'enquête à la *Père Duchesne*
qu'il a ouverte sur les « origines et les phases
diverses de notre fortune. »

13,169 francs 25 centimes sans les accessoires ! Voilà, pour un journal fondé sous les
auspices d'un préfet, aidé par un ministre,
appuyé par toute la députation du département, tenu en baptême par des gens qui ont
dans leurs mains les « fonds de la presse, »
voilà une année comme le vénérable *Courrier*,
depuis qu'il est sorti en 1829 de la 3ᵉ division
de la préfecture, ne saurait certainement en
montrer.

C'est pendant cette période de déficit que M.
Massy, en réponse à nos demandes de RESTITU-
TION de nos annonces, — RESTITUTION que nous
considérerions comme complète si nous obte-
nions la liberté ou, au pis-aller, le partage des
insertions de l'arrondissement de Grenoble, —
M. Massy prit un premier arrêté le 14 novembre
1861, par lequel il attribuait les annonces de
Vienne et de la Tour-du-Pin à l'*Impartial dauphinois*, à charge par ce journal d'en faire reproduire des extraits, dans la proportion du
quart, dans les feuilles non cautionnées des
arrondissements.

Le *Courrier*, qui certainement ne se félicite
pas aujourd'hui d'avoir rappelé ce « cadeau »
mis dans notre « layette, » omet de dire à cette

occasion que non-seulement il conserva « en chef et sans partage » les annonces de l'arrondissement de Grenoble, mais qu'on y ajouta par surcroît celles de Saint-Marcellin, à charge de reproduction du quart. Nous saura-t-il gré d'avoir réparé cet oubli?

Le 14 janvier 1862, nouvel arrêté du même M. Massy. Cet arrêté renverse les termes du premier, en ce que les journaux non cautionnés des arrondissements de Vienne et de la Tour-du-Pin ne doivent plus que la reproduction du quart dans l'*Impartial dauphinois*. Le quart des annonces de Saint-Marcellin est maintenu, cela va sans dire, au *Courrier*. Il l'a encore en ce moment, et il a même en sus le quart de la Tour-du-Pin et de Vienne, ce qui lui fait le quart de toutes les insertions judiciaires des trois arrondissements, et la totalité des insertions de l'arrondissement chef-lieu.

Cette disposition fut maintenue pour 1863 par M. le préfet Ponsard; et si l'on veut encore une preuve, — car il faut ici ne pas imiter ceux qui passent leur vie à « colliger: » il faut marcher preuves en mains; — si l'on veut une preuve que cette répartition d'annonces n'impliquait de notre part aucune espèce d'engagement, c'est que, *sous l'empire même de l'ar-rêté de M. Ponsard*, nous avons fait la campagne électorale de 1863 avec M. Casimir-Perier. Cela nous paraît suffisamment concluant.

Mais au moment de ces solutions contradic-toires données par M. Massy à nos réclamations permanentes relatives aux annonces, nous avions entretenu avec des amis du ministère de l'intérieur une correspondance qui constate que loin d'avoir inspiré à M. Massy son arrêté du 14 novembre 1861, nous avions dès cette époque présenté le partage comme une transac-tion entre la liberté des annonces, qui seule nous paraissait logique et juste, et le système de protection qui paraissait au préfet une con-dition *sine qua non* de l'existence du *Courrier*.

Comme toutes les demi-mesures prises aux dépens des principes pour imposer silence aux réclamations légitimes des intérêts, les deux arrêtés de M. Massy, le second pas plus que le premier, n'avaient satisfait personne, sauf le *Courrier* qui s'en tirait dans les deux hypothè-ses, comme toujours, avec un accroissement de recettes.

Et s'il fallait prouver qu'aucun de ces deux systèmes n'a eu notre assentiment, nous n'au-

rions qu'à citer ce que, en réponse à nos vives critiques, un ami nous écrivait du ministère de l'intérieur, le 20 janvier 1862 :

..... Le système que vous proposiez n'aurait rencontré chez nous aucune opposition. C'est votre préfet qui l'a repoussé pour en adopter un autre..... Au lieu de prendre son second arrêté, c'était bien le cas de revenir à VOTRE PROPOSITION, *c'est-a-dire à la liberté ou au moins au partage des annonces de Grenoble.*

C'est quelque temps après cette œuvre indécise de M. le préfet Massy, sollicité à la fois par ses instincts d'honnêteté et par les inexorables nécessités de sa situation, que se place l'histoire de la SUBVENTION qui nous fut offerte, sur la *Caisse des* FONDS DE LA PRESSE, nous a-t-on appris ces jours-ci, car nous l'ignorions. — *Experto crede....* Roberto.

Vraiment, nous, folliculaire opposant, dont les mains sont pures cependant de tout contact avec la monnaie vespasienne dont il s'agit, nous aurions éprouvé de la répugnance à parler de ces choses en public, et nous y aurions mis encore une bien autre réserve si nous avions mission de glorifier ou seulement de défendre les pratiques administratives. Mais cela n'a pas dépendu de nous : on nous a accusés d'avoir REFUSÉ DE SIGNER LE REÇU DES DEUX PREMIERS DOUZIÈMES : il n'est pas question d'avoir des haut-le-cœur, il faut encore nettoyer ce réduit-là.

Et d'abord, puisque nous faisons tant, transcrivons encore une fois la question du *Courrier*, et clouons-la ainsi au-dessus de la réponse :

UNE FOIS AUTORISÉ, êtes-vous bien certain de n'avoir pas été avisé que M. le ministre de l'intérieur, TANT IL AVAIT FOI EN VOUS, vous allouait, sur les FONDS DE LA PRESSE, une subvention de cent francs par mois pour aider vos premiers pas ?

Etes-vous bien certain de n'avoir pas REFUSÉ DE SIGNER LE REÇU des deux premiers douzièmes, et d'avoir demandé ALORS le partage des annonces judiciaires ?

Nous ne voulons pas relever les inconséquences et les contradictions de cette note, constatées par les documents que nous avons cités et par les dates qui vont suivre. Il nous suffit de fournir des pièces dans un procès où nous n'avons pas besoin de plaider, mais où nous avons intérêt à ce que l'arrêt soit rendu par le public en connaissance de cause.

Il nous répugnerait par trop de voir une intention carthaginoise dans cette rédaction : vous
avez refusé de signer les reçus. Les honnêtes
gens qui ne nous connaîtraient pas pourraient
croire que nous avons pris « les douzièmes »
et refusé le reçu. Mais, nous l'espérons, ce
n'est pas ce qu'on a voulu dire, et c'est tout
bonnement le lapsus d'une plume peu sûre
d'elle-même.

Au surplus, on va voir qu'il n'y avait même
ni douzièmes ni reçus. Ce qu'il y avait valait
bien davantage. Le voici :

Ne perdons pas de vue que ces choses se
passaient au moment où s'était ouvert le déficit
des 13,169 fr. 25 c.

Dans le courant d'avril et de mai 1862,
M. le préfet Massy procédait à la tournée du
conseil de révision, et il rentrait à Grenoble
tous les soirs quand les communes où il se
trouvait étaient à proximité du chemin de fer.

Le *mardi 29 avril*, nous fûmes prévenu,
non pas par l'entremise des bureaux, mais de
la part de Mme la baronne Massy elle-même,
que M. le préfet désirait nous entretenir le len-

demain soir, à sept heures, dans son cabinet particulier, à son retour de Beaurepaire.

Nous nous rendîmes à son invitation, et voici le procès-verbal curieux et instructif de cette entrevue :

Mercredi 30 *avril* 1862, sept heures du soir — . . M. Massy m'a rappelé « que l'*Impartial* m'a déjà coûté des sacrifices considérables ; il n'a pu m'accorder la liberté des annonces judiciaires parce que c'eût été la ruine du *Courrier de l'Isère*, dont le dévouement est acquis à l'administration. Voulant cependant m'être utile parce qu'il reconnaît, comme il me l'a déjà dit l'an passé, que l'*Impartial est dans l'esprit du département*, il m'a plusieurs fois offert une subvention que j'ai eu tort, me dit-il, de refuser.

« Malgré ces refus, dans un voyage qu'il vient de faire à Paris pour s'y faire traiter d'une ophthalmie, il a reparlé de cette affaire au ministre. Il vient d'en recevoir une réponse, et c'est pour me la communiquer qu'il m'a fait appeler.

« Si je refuse, ce sera de ma part une exagération de scrupule, car on n'entend point me demander le sacrifice de mon indépendance Le préfet *pourrait me citer des journaux* TRÈS-INDÉPENDANTS *qui reçoivent de l'état de larges subventions.*

« D'ailleurs, cela restera un secret absolu entre le ministre, le préfet et moi ; » et pour me montrer que les précautions les plus discrètes sont prises, M. Massy me montre deux grandes enveloppes toutes préparées et placées l'une dans l'autre. L'enveloppe extérieure porte l'adresse officielle du ministre ; l'enveloppe intérieure, la même adresse répétée avec le mot *personnelle*, ET DE CETTE DERNIÈRE

ENVELOPPE LE PRÉFET TIRE UN PAPIER PLIÉ QUE JE N'AI QU'A
SIGNER

JE NE SAIS CE QUE CONTENAIT CE PAPIER, QUE J'AI REFUSÉ
DE VOIR.

J'ai répété à M. Massy ce que je lui ai dit souvent :
partisan de Cavaignac, opposant à l'empire, je ne suis
pour rien dans l'établissement du gouvernement actuel ;
mais, partisan avant tout de la souveraineté de la nation,
je me suis soumis loyalement à la loi que m'a faite la
majorité. Précisément parce que je désapprouve formellement l'opposition systématique, je veux conserver toute
ma liberté d'appréciation, ET NE VEUX A AUCUN PRIX D'UNE
SITUATION QUI POURRAIT TOUR A TOUR ME FAIRE TAXER, —
NE FUT-CE QUE PAR UNE SEULE PERSONNE ET EN SECRET,--
D'INGRATITUDE OU DE VÉNALITÉ.

Si le gouvernement paraît pencher vers un régime plus
libéral, nous ne lui marchanderons pas dans cette voie
notre humble appui. *Je sens bien que je ne ferai jamais
avec lui un mariage d'inclination ; mais je ne refuse pas
un mariage de raison.*

L'entretien s'est prolongé fort tard. M. Massy, avant
que je sorte de son cabinet, m'a dit encore une fois qu'il
regrette mon refus, mais qu'*il compte sur ma discrétion.*
Bien que me reconduisant lui même le long des corridors,
un flambeau à la main, il m'a quitté assez froidement.

......A tout évènement, ne voulant pas, par considéra-
tion pour M. Massy, ébruiter ce fait, mais sentant bien
qu'il pourrait devenir nécessaire de l'invoquer un jour,
j'ai cru devoir en raconter les détails le soir même à
M. H. G., notaire, et le lendemain matin à MM. A. C.,
ancien préfet du Rhône, et J. J., docteur en médecine.

Nous ajouterons que jusqu'à la mort de
M. Massy, nous n'eûmes plus, dès ce jour, avec

ce magistrat, que des rapports officiels et très-réservés.

Le papier plié, — nous en sommes depuis longtemps convaincu, — c'était une DÉMISSION EN BLANC....

Voilà, au fond et au vrai, l'histoire de la subvention.

MORALE. — La manie des collections de pièces a du bon.

Mais surtout pour les collectionneurs.

26 juillet 1867.

IX

Encore nos preuves, à défaut des prétendues preuves COLLIGÉES du *Courrier*.

Les élections au Conseil général, notre procès en première instance (1), l'élection de Saint-Marcellin, notre procès devant la Cour, ont nécessairement et forcément interrompu le cours de ces articles, dont les affirmations imprudentes et mensongères du journal officieux de ce département nous avaient fait entreprendre la

---

(1) Le procès de *Queretaro*, où nous fûmes condamnés tous trois à deux mille cinq cents francs d'amende, sans les accessoires.

publication. Nous n'y avions pas renoncé ; loin
de là ; notre intention, au contraire, est de les
publier séparément, afin qu'il reste trace de ce
dont est capable la presse officieuse en matière
d'audace et de mauvaise foi. Le *Courrier*, au
surplus, nous y rappelle en rééditant pour la
vingtième fois, dans son numéro du 5 octobre,
son affirmation que l'*Impartial a sollicité et
obtenu autrefois les annonces judiciaires, et
qu'il a ainsi encaissé des bénéfices équivoques
et de l'argent mal acquis.* Et il termine son
petit article par une de ces facéties d'estaminet
qui lui sont particulières, et dont il donne, dans
ce même numéro, trois ou quatre spécimens :
Eh bien ! non, décidément, dit cette feuille indépendante, *on ne se dit pas de ces choses-là à
soi-même*, mais l'*Impartial nous fera toujours
rire.*

Pour que l'*Impartial* fasse ou ait toujours fait
rire le *Courrier,* il faut que ce journal ait le
rire facile. Mais nous sommes convaincu qu'il
se vante et qu'il est quelques circonstances où
l'*Impartial* ne l'a pas *fait rire* du tout.

Nous sommes convaincu, notamment, que
lorsqu'à l'occasion d'une *Lettre municipale* in-
sérée dans notre journal dans le courant de

juin dernier, le *Courrier* a prétendu que l'*Impartial* avait été à son origine un journal officieux, et que nous avons administré, non pas
pour lui dont le métier est de ressasser toujours
les mêmes calomnies, mais pour le public, les
preuves manifestes du contraire, nous sommes
convaincu, disons-nous, que nous n'avons fait
rire ni lui, ni ses maladroits inspirateurs.

Ainsi le journal officieux a audacieusement
affirmé, lorsqu'il était si facile à lui de se
renseigner et d'avoir des pièces authentiques,
que nous avions été créé journal gouvernemental, ce qui dans sa bouche veut dire officieux,
et nous avons démontré par notre correspondance que c'était là ou une erreur bien singulière, ou un mensonge bien caractérisé ; depuis,
nous avons retrouvé diverses lettres de M.
Edouard Marion, qui nous avait servi d'intermédiaire auprès de M. de la Guéronnière, et que
jusqu'à présent, faute d'être autorisé à agir
autrement, nous n'avions désigné que par l'ini-
tiale de son nom.

Le *Courrier de l'Isère* avait affirmé que nous
avions été créé par un *groupe de personnes
éminentes*, avec l'appui du préfet. Nous croyons
avoir démontré que le *groupe de personnes émi-*

nentes se réduisait à quatre personnes à Grenoble, ayant pour correspondant à Paris M. Edouard Marion; et quant à l'appui du préfet, on va voir ce qu'il en faut penser.

M. Edouard Marion nous écrivait le 24 mars 1861 :

> Monsieur et cher compatriote,
>
> J'ai eu ce matin une longue conférence avec M. de La Guéronnière au sujet de votre affaire.
>
> L'arrêté est prêt, cependant on hésite : « Il est dangereux de créer un JOURNAL D'OPPOSITION dans un moment où les esprits sont fortement agités.
>
> « Le rapport de la préfecture, ajoute-t-on, est « DOUTEUX. »
>
> Je pense avoir triomphé de ces difficultés en soutenant d'abord que vous n'entendez pas créer *un journal d'opposition quand même.*
>
> Bref, la signature de M. de La Guéronnière vous est acquise; reste le ministre. Je pense que nous en aurons raison.
>
> Veuillez agréer, etc.
>
> *Signé :* E. MARION

Ainsi il s'agit bien de créer, non pas un journal officieux, mais un journal d'*opposition.* le mot y est; non pas un journal d'opposition quand même, mais un journal indépendant.

Ainsi encore, ce préfet qui voulait faire supplanter le *Courrier de l'Isère* par l'*Impartial dauphinois*, il emploie, pour arriver à son but, ce singulier moyen : il envoie au ministère « *un rapport douteux.* »

Est-ce clair? Et sur ce point n'avons-nous pas le droit de dire comme sur tous les autres, que les allégations du *Courrier* sont le résultat ou de la plus grossière des erreurs, ou de la plus inique mauvaise foi?

Le 25 avril 1861, M. Edouard Marion nous écrivait encore :

> Je n'ai pas pu voir M. de La Guéronnière aujourd'hui .. Il ne paraît pas nécessaire que vous veniez à Paris.
>
> Si, après de nouvelles démarches, je rencontrais des difficultés inattendues, je m'empresserais de vous en prévenir, et vous viendriez appuyer mes démarches de votre présence.
>
> Veuillez agréer, etc.
>
> *Signé :* E. MARION.

— Le 29 mai 1861, ce qui précise la date de l'unique entrevue que nous ayons eue avec M. de La Guéronnière, M. Edouard Marion nous écrivait à l'hôtel où nous étions descendu ces mots :

« Demain jeudi, à dix heures ou dix heures
« et demie au plus tard, 21, rue Joubert, je
« vous attendrai chez M. de la Guéronnière. »

Nous avons donné d'après nos souvenirs
écrits, et écrits au moment même, les détails
de cette entrevue et la conversation que nous
eûmes alors avec le directeur de la presse au
ministère de l'intérieur (1).

M. Edouard Marion, après avoir lu notre
récit de cette entrevue, nous écrivait de Faver-
ges, en juillet 1867 :

Dans votre numéro du 14 courant, vous semblez faire
appel à mes souvenirs au sujet de l'entrevue que vous avez
eue en ma présence avec M. de La Guéronnière. Oui, les
paroles que vous avez reproduites sont parfaitement exac-
tes, et l'honorable directeur de la presse ne pouvait pas
tenir un autre langage à un homme qu'il savait être libéral
et *indépendant*.

Si cette déclaration peut vous être de quelque utilité
dans votre petite guerre avec le *Courrier de l'Isère*, ne
vous gênez pas : il est toujours bon d'affirmer la vérité.

Recevez, etc.

Signé : E. MARION.

(1) *Sup.*, pag. 47.

— Le *Courrier de l'Isère* a encore affirmé qu'un rédacteur en chef nous avait été *donné* ou *proposé* par le ministère de l'intérieur. Nous avons démontré que ces deux euphémismes, qui signifient qu'un rédacteur nous avait été imposé, étaient le contraire de la vérité. Nous avons cité nos correspondances sur ce point avec M. Edouard Marion, et nous venons de retrouver une lettre dans laquelle notre compatriote, à la date du 14 mars 1861, nous écrivait :

« Je me suis déjà mis en quête de vous chercher un rédacteur. »

Nous avons raconté comment M. Gustave Périer, rédacteur du *Courrier de Saint-Etienne*, journal de la nuance du *Progrès* de Lyon, nous avait été recommandé par M. Proust, alors avocat-général à Grenoble, aujourd'hui premier avocat-général à la Cour impériale de Dijon.

— Le *Courrier de l'Isère* a encore prétendu que nous avions eu à nos débuts la protection de la préfecture. Nous lui avons démontré que nous n'avions eu ni protection, ni subvention, ni ces fameux douzièmes que le *Courrier* connaît peut-être, mais dont l'existence, dans les rap-

ports de l'administration avec la presse, ne
nous a été connue que par les révélations imprudentes du journal officieux, qui a été ce
jour-là indiscret comme le sont les enfants
terribles.

Nous avons fait voir par un document irrécusable que, loin d'avoir eu la protection, la
subvention, les faveurs pécuniaires ou morales
du pouvoir, nous avions eu la première année
une perte de près de 14,000 francs, non compris
notre travail personnel ; que le préfet, dans
l'intérêt du *Courrier de l'Isère*, avait refusé de
laisser libre l'abonnement des communes, et
nous avait même menacé d'un procès pour avoir
pris, sous le régime des « principes de 89, »
la liberté grande d'adresser par la poste aux
maires des communes une circulaire qui amena
entre M. Massy et nous une correspondance
que nous avons mise sous les yeux de nos lecteurs.

— Le *Courrier de l'Isère* a affirmé, il
continue à affirmer que nous avions demandé
les annonces judiciaires. Nous lui avons
prouvé que nous avions demandé, ce qui est
loin d'être la même chose, la *liberté des*

annonces judiciaires ou au moins le *partage* de celles de l'arrondissement de Grenoble. Nous avons établi que ce système, qui n'aurait été du reste que la réparation de ce qu'un magistrat avait appelé, en 1852, une *spoliation*, n'avait pas été adopté par M. le baron Massy ; mais que le *Courrier*, loin d'avoir perdu à toutes ces diverses phases de l'histoire des annonces judiciaires, y avait, au contraire, gagné; qu'il avait accueilli ces petits bonheurs de la vie humaine avec cette résignation chrétienne que Dieu dispense à ceux qui font vœu d'être siens, et que si aujourd'hui le *Courrier de l'Isère* a les mains pleines, ce n'est pas des preuves de notre dépendance et de notre servilité, mais du produit des annonces de tous les journaux qui se publiaient à Grenoble à la veille du coup d'Etat du 2 décembre 1851.

Nous n'avons jamais compris, quant à nous, que le journal officieux touchât à cette question si délicate et dans laquelle il risque fort de n'avoir pas les rieurs de son côté.

Nous avons de plus affirmé que l'arrêté de M. Massy, relatif aux annonces, que celui de M. Ponsard, avaient été pris sans qu'aucune condition eût été imposée au journal, et la

meilleure preuve qu'on en puisse donner, c'est
que l'*Impartial* a fait la campagne électorale de
1863 alors que l'arrêté de M. Ponsard était
encore en vigueur, et que, lors du procès de
1863, le ministère public n'eut garde de pré-
tendre que nous eussions avec l'administration
aucun lien quel qu'il fût, public ou secret.

— Nous avons raconté qu'au lendemain du
coup d'Etat du 2 décembre, alors que, récemment établi et sans fortune, nous n'étions
pas précisément, pour emprunter un souvenir à l'histoire du Mexique, sur un lit de
roses; alors que le journal que nous impri-
mions dans nos ateliers venait d'être suspendu,
c'est-à-dire supprimé, on nous avait proposé d'imprimer un nouveau journal, l'*Aigle*,
que M. Chapuys-Montlaville voulait fonder,
dont il nous faisait offrir gratuitement la propriété exclusive, et auquel on aurait donné
toutes les annonces du département, même
celles du *Courrier de l'Isère;* on ne nous
demandait qu'une chose en échange de ce
cadeau : signer le journal comme gérant. Nous
refusâmes.

Ce souvenir nous est cher, cela se comprend

facilement, et nous avons éprouvé quelque plaisir à nous le rappeler. Quelque vrais, quelque exacts que soient les faits cités par nous, cependant nous nous attendions à les voir nier ou du moins travestir, et l'assurance dont a fait preuve dans cette discussion le journal de M. Adolphe Baratier nous autorisait à tout prévoir. Cependant, nous avions cru ne devoir désigner que par des initiales la personne qui nous avait apporté les propositions de M. le préfet Chapuys-Montlaville; nous ne savions jusqu'à quel point nous devions mêler à ce débat M. Norbert Duclos, employé au ministère de l'intérieur, quand nous reçûmes la lettre suivante :

Paris, le 22 juillet 1867.

Mon cher ami,

. . . .

J'aurais tenu à dire, entre autres choses, à votre fils, si nous nous étions rencontrés, avec quel intérêt j'ai suivi l'exposé rétrospectif dans lequel, en réponse au *Courrier*, vous rappelez diverses circonstances auxquelles j'ai été mêlé. *Mon témoignage, que vous invoquez à l'appui de cette énonciation* DE FAITS PARFAITEMENT EXACTS, vous est acquis publiquement, si l'on en conteste la vérité. Et je serai heureux de dire combien je m'honore de me voir, à cette occasion, compté par vous au nombre de vos meilleurs amis. Si j'ai un regret, seulement, c'est que vous n'ayez pas écrit mon nom en toutes lettres dans un pays où peut-être il n'est pas encore entièrement oublié.

Recevez, mon cher ami, etc.

Signé : Norbert Duclos.

— Maintenant, le *Courrier* peut à son aise contester notre indépendance, et parler de ses mains pleines de preuves, qu'il ne donnera jamais, parce qu'il ne les a pas et ne peut pas les avoir.

Il peut, pour faire illusion à un public cependant difficile à tromper, à raison de sa sagacité proverbiale, faire du chauvinisme à l'adresse de certains lecteurs, du libéralisme à l'adresse des autres : ses affirmations ne sauraient désormais être crues par personne. Ce n'est pas impunément qu'on altère ainsi la vérité dans des questions pour lesquelles heureusement nous avons conservé des documents, que nous n'avons pas pu donner tous pour éviter des longueurs fastidieuses. Son indépendance, dont il fait grand bruit, tout le monde ici sait ce qu'elle vaut ; son importance, elle vaut tout naturellement autant que son indépendance.

Notre indépendance, à nous, nous savons ce qu'elle nous coûte, et sans nous arrêter plus que de raison à des évènements récents de l'histoire de notre journal, nous pouvons bien dire qu'il est des accidents judiciaires dont le *Courrier de l'Isère*, dans ses plus vigoureux élans de prétendue indépendance, ne subira jamais le péril.

TABLE DES MATIÈRES.

www.ingramcontent.com/pod-product-compliance
Lightning Source LLC
Chambersburg PA
CBHW052034270326
41931CB00012B/2487